Pasta

Cocinar mejor que nunca

Pasta

El gran libro de cocina ilustrado a todo color

Con las mejores recetas creadas por Elke Alsen, Marieluise Christl-Licosa, Marey Kurz, Hannelore Mähl-Strenge, Brigitta Stuber, Renate Zeltner y Annette Wolter

Dirección editorial
Annette Wolter

Fotografías en color
Odette Teubner

Editorial Everest, S. A.

MADRID • LEON • BARCELONA • SEVILLA • GRANADA • VALENCIA
ZARAGOZA • LAS PALMAS DE GRAN CANARIA • LA CORUÑA
PALMA DE MALLORCA • ALICANTE – MEXICO • BUENOS AIRES

En este libro encontrará

Presentación
Página 6

El valor de la pasta
Página 7

Pasta casera
Páginas 8-11

Preparación de la pasta 8
Pasta elaborada con máquina 8
Colorear la pasta 8
Hervir la pasta correctamente 8
«Tortellini» caseros 10
Preparar la lasaña 10
Salsa boloñesa 10
«Pesto» 10

Sopas de pasta y entradas
Páginas 12-41

Sopa de hierbas con fideos 14
Sopa de pasta rallada 14
Sopa de pasta con garbanzos 15
Sopa de pasta a la albahaca 15
Sopa de chucrut 16
Sopa campesina 16
Sopa genovesa de verduras 17
Sopa de pasta con col rizada 17
Sopa de judías y pasta con carne de buey 18
Sopa napolitana de pasta 18
Sopa de tomate con albóndigas de requesón 19
Sopa de guisantes con albóndigas de harina 19
«Kreplach» judíos 20
Empanadillas siberianas 20
Sopa de pasta con tomate 21
Sopa de pasta con verduras invernales 21
Sopa de pasta con judías pintas 22
Sopa de pasta con patatas 23
Sopa de pasta con calabacín 23
Sopa de «riebele» 24
Sopa de ave y pasta 24
Cazuela de «Puszta» 25
Sopa «won ton» 26
Sopa «wo mein» 26
Sopa «nabeyaki udon» 27
Sopa «yakko mein» 27
Macarrones con rebozuelos y tomates 28
Pasta con crema y nueces 29
Espaguetis con salsa de guindillas 29
Macarrones con higadillos 30
Espaguetis con ajo y aceite 30
Macarrones con yemas de espárragos 31
Tallarines con hierbas 32
Conchas con calabacín 32
Tallarines caseros con espinacas 33
Tallarines con tomate y champiñón 34
Nidos con salsa de mejillones 34
Coditos con brécoles 35
Ñoquis con tomate 36
Ñoquis de patata 37
Ñoquis de sémola de maíz 37
Tallarines con mantequilla de ajo 38
Tallarines con «lecso» 38
«Hah gavs» 39
«Jao mais» 39
«Won tons» 40
«Kuo tiehs» 41

Pasta con salsa o ragú
Páginas 42-75

Espaguetis con salsa de Gorgonzola 44
Espaguetis con salsa de salmón y crema 44
Espaguetis con salsa de albahaca 44
Espaguetis de alforfón con salsa de tofu 45
Cazuela de pasta con setas 46
Espirales con salsa de jamón 47
Espaguetis con anchoas 47
Pasta integral con ragú de ternera 48
Pasta con col china 48
Mariposas con salsa Sovrito 49
Tallarines con salsa de tomate y tocino 49
Espaguetis con salsa boloñesa 50
Pasta con «pesto» 51
Pasta con salsa de tomate 51
«Fettuccine» con salsa de atún 52
«Tagliatelle» a la Emilia-Romagna 52
Espaguetis a la carbonara 53
Espaguetis a la napolitana 53
«Stufatu» 54
Tallarines con solomillo de cerdo 54
Espaguetis integrales con boloñesa tofu 55
Espaguetis con riñones de ternera 56
Pasta con ragú de cordero 56
Espirales con ragú de conejo 57
Tallarines con ragú de ternera 57
Ragú de cordero y manzana con pasta 58
Tallarines verdes con gambas 58
Espaguetis con pechuga de pollo 59
«Tortellini» con salsa de queso y perifollo 59
Pasta con salsa de hinojo 60
Macarrones con crema de alcachofas 60
Pasta casera con ragú de pato 61

Macarrones con salsa de
   de soja 62
Espirales con salsa de sésamo 62
Pasta con «ratatouille» 63
Pasta integral con salsa
   de verduras 63
«Túrós csusza» 64
Pasta con ragú vienés
   de hígado 65
Pasta con jamón y alcaparras 65
«Spätzle» de queso a la manera
   de Allgäu 66
Cuadrados de pasta con col 66
«Spätzle» de centeno con salsa
   de tomate 67
Tallarines con verduras y pasta
   de hierbas 68
«Tarhonya» con salsa de
   champiñones a la crema 68
Espirales con berenjenas 69
Fideos con brotes de soja 70
Fideos transparentes
   a la tailandesa 70
«Bami goreng» 71
Pasta de harina de garbanzos
   con ragú al curry 72
Fideos japoneses con rábano 72
«Chow mein» 73
Pinchos de carne con fideos
   transparentes 74
Fideos transparentes con salsa
   de huevo 75
Pasta de arroz con carne
   de buey 75

Pasta horneada, rellena y gratinada
Páginas 76-105

Roscón de pasta
   con acelgas 78
Canelones clásicos 79
Canelones rellenos
   de verduras 79
Ravioles de carne 80
Empanadillas tirolesas 80
Empanadillas de requesón
   de Carintia 81
Cuadraditos de pasta fritos 82
«Banitza» 83
Pasta con apio 83
Ravioles con relleno
   de espinacas 84
Ravioles con relleno
   de queso 84
«Tortellini» rellenos
   de gambas 85
Tallarines a la leñadora 86
«Spätzle» de escanda
   con judías 86
Pasta con salsa de higadillos 87
Tortilla de pasta con queso
   parmesano 87
Cuadrados de Burgenland 88
Cuadrados de jamón 88
Timbal de macarrones
   y jamón 89
Lasaña al horno 90
Lasaña con espinacas 91
Lasaña con col rizada 91
Lasaña integral 92
Gratín de espirales 93
Gratín de pasta con jamón 93
Gratín de pasta con salami 94
Gratín de pasta al Gruyère 94
Nidos de pasta con brotes
   de soja 95
Gratín de pasta
   con champiñones 96

Gratín de macarrones
   y berenjenas 96
Gratín de pasta integral
   con hinojo 97
Gratín de pasta
   con tomates 97
Gratín de pasta con salmón
   ahumado 98
Timbal de macarrones 99
Pizza de pasta 99
Gratín de macarrones 100
Gratín de macarrones integrales
   con espinacas 100
Gratín ruso con pasta
   y requesón 101
Gratín turco de pasta 102
Gratín de cebolla
   y macarrones 102
«Pastítsio» 103
Gratín de pasta en cazuela
   de terracota 104
Gratín napolitano
   de macarrones 105

Las mejores ensaladas de pasta
Página 106-125

Ensalada de pasta con queso,
   tomate y berros 108
Ensalada de frutas y queso
   con pasta de tres
   colores 108
Ensalada de pasta
   a la parmesana 109
Ensalada de espirales
   integrales 117
Ensalada de pasta integral
   con diente de león 118
Ensalada de pasta de mijo
   con brécoles 118
Ensalada de «capellini» 119

Ensalada de pasta romana 109
Ensalada de pasta
   de Amsterdam 110
Ensalada danesa de pasta 110
Ensalada californiana de pollo
   y pasta 111
Ensalada india de pasta 112
Ensalada árabe de pasta 112
Ensalada de pasta y atún 113
Ensalada de pasta con trucha
   ahumada 113
Ensalada de tallarines
   con lentejas rojas 114
Ensalada de pasta integral
   con pollo 115
Ensalada de pasta de soja
   con garbanzos 115
Ensalada de espaguetis
   con ave 116
Ensalada de pasta con pimiento
   y maíz 116
Ensalada de pasta
   y jamón 119
Ensalada de pasta con salsa
   de hierbas 120
Ensalada verde de pasta 120
Ensalada de pasta con verduras
   primaverales 121
Ensalada de pasta y judías 122
Ensalada vegetariana
   de pasta 122
Ensalada de pasta
   y gambas 123
Ensalada de pasta
   con naranja 123
Ensalada de pasta
   con mejillones 124
Ensalada de fideos
   transparentes
   con cangrejo 125
Ensalada de fideos
   con buey 125

Lo que conviene saber sobre la pasta
Páginas 126-131

Pequeña guía de quesos
Páginas 132-133

Los compañeros de la pasta
Páginas 134-135

Índice general de la A a la Z
Páginas 136-138

Presentación

Este libro de cocina ilustrado está dedicado exclusivamente a la pasta, el plato preferido de muchos sibaritas. La afición hacia las deliciosas creaciones hechas a base de pasta ha llegado a convertirse, gracias a los viajes de vacaciones y las ojeadas a las cazuelas de otros países, en una verdadera pasión. La variedad y la creatividad casi inagotable que permite la preparación de la pasta, se pone de manifiesto en las brillantes fotos a color, tomadas en exclusiva para este libro.

Estas «estrellas de la cocina» seducen por su adaptabilidad, por sus posibilidades poco menos que ilimitadas y por su precio, al alcance de todos los bolsillos. Los platos a base de pasta entusiasman a los gastrónomos; los nutritivos gratines de pasta son apreciados, sobre todo, por las familias con niños. Y es inconcebible el bufet de una fiesta sin al menos una ensalada de pasta sustanciosa. Dicho brevemente: la pasta y el buen provecho van de la mano.

Comience inmediatamente a hojear este libro y déjese cautivar por las bonitas y seductoras fotos. Las recetas correspondientes están escritas de manera sencilla y son fáciles de seguir. Los datos relativos a los tiempos de preparación y de cocción permiten que organice su tiempo de manera conveniente.

Las indicaciones impresas en rojo en cada receta indican si el plato respectivo es rápido de preparar, si requiere tiempo, si es económico, si es fácil o elaborado... Señalan, además, si se trata de una receta clásica, de una especialidad o de un plato de la cocina integral. En las recetas se detalla, por otro lado, su contenido energético —kilojulios/kilocalorías— y sus valores nutritivos —proteínas, grasas, hidratos de carbono.

El libro comienza con algo que los entendidos valoran por encima de todo: la pasta casera. Aquí podrá ver descrito en fotos a todo color y paso a paso, de manera totalmente detallada, cómo se prepara y amasa la pasta. También se ilustra el modo correcto de utilizar la máquina para preparar pasta, al igual que la forma de colorearla con ingredientes naturales y cocerla «al dente».

Las «Sopas de pasta y entradas» marcan el inicio de las recetas. Junto a una clásica sopa de pasta con tomate, descubrirá especialidades como, por ejemplo, la pasta asiática «won ton», la pasta con crema y nueces o los espaguetis con ajo y aceite.

Deleítese luego con el capítulo «Pasta con salsa o ragú». En un abrir y cerrar de ojos están listos los deliciosos espaguetis con salsa de gorgonzola. Un poco más trabajosos, pero, por eso mismo, un plato especial para invitados, son los tallarines con solomillo de cerdo, o los espirales con ragú de conejo.

En el capítulo «Pasta horneada, rellena y gratinada» volverá a encontrar, con seguridad, muchas de sus recetas preferidas. Entre éstas se encuentran, sin duda, la famosa lasaña al horno y un gratín de pasta con jamón. Podrá ampliar su repertorio de recetas con un sano gratín de pasta integral con hinojo o un refinado gratín de pasta con salmón ahumado. Entre las especialidades internacionales encontrará el *pastítsio* griego, el gratín ruso con pasta y requesón o el gratín de pasta al gruyère.

Para las cenas estivales, los pequeños grupos de invitados y los bufets estivales, ofrecemos «Nuestras mejores ensaladas de pasta». Aquí queda patente la variedad de combinaciones posibles entre la pasta y otros ingredientes. Quesos, tomates, pescados, aves, carnes, verduras o frutas dejan en las diversas ensaladas su particular nota de sabor.

Para coronar el tema le ofrecemos «Lo que conviene saber sobre la pasta», desde los coditos, los espirales y la pasta integral, pasando por los fideos transparentes, hasta llegar a la pasta rellena. El queso suele acompañar los platos a base de pasta, ya sea como ingrediente para dar sabor o como complemento aromático. A fin de que la elección sea fácil, presentamos los quesos más adecuados para ello y explicamos de qué manera combinan mejor con los platos de pasta.

El equipo de autores ha recopilado una gran cantidad de recetas. Algunos de los miembros del equipo tienen lazos personales con países como Italia y Austria, los Balcanes, España, Francia y Suiza, así como con Japón, Corea o China, lo que aparece reflejado en las recetas de este libro. Nos hemos esforzado por satisfacer los gustos más diversos, por ofrecer platos sencillos y refinados, económicos y selectos. Estamos seguros de que todo el que haga uso de este libro se sentirá satisfecho de la compra realizada.

Deseando que disfruten de estas recetas y se diviertan mucho preparándolas

Annette Wolter
y todos los colaboradores

Cuando no se indica otra cosa, las recetas están calculadas para cuatro personas. Las abreviaturas kJ y kcal significan, respectivamente, kilojulios y kilocalorías.

El valor de la pasta

Quien habla de pasta, piensa principalmente en espaguetis, macarrones, coditos o tallarines. La cuestión de si los ravioles, ñoquis o las empanadillas chinas, caen también bajo la rúbrica de «pastas alimenticias», ha de responderse afirmativamente, pues todas son producidas igualmente, si bien según recetas diferentes, a partir de una masa para pasta que puede conservarse seca. En las páginas 127 a 130 presentamos todos los tipos de pasta usuales con sus propiedades más características.

Hay algunas pastas que son indicadas para platos con salsa, otras se utilizan para freír o gratinar, y otras, para rellenar o formar parte de una sopa. No obstante, muchos tipos de pasta se prestan a combinaciones totalmente personales, echando mano de las reservas que siempre hay en la nevera. La pasta es fácil de conservar; almacenada en lugar seco, mantiene su pleno sabor durante más de dos años. Por otro lado, hay que guardar las pastas alimenticias fuera del contacto con otros alimentos de aroma muy pronunciado, a fin de evitar que adquieran olores extraños o cambios de sabor.

Una indicación para todos los que se preocupan por su alimentación: la pasta no tiene por qué constituir un alimento carente de valor dietético. Si se emplea pasta de harina en flor de procedencia industrial, que sólo contiene una pequeña cantidad de sustancias minerales, vitaminas y fibras, entonces puede enriquecerse con alimentos de alto valor nutritivo: quesos de todos los tipos, sabrosas salsas o verduras variadas constituyen valiosos ingredientes. Una ensalada de lechuga o de alguna otra hortaliza cruda acompaña bien a los platos de pasta calientes.

Pero, además, casi todos los tipos de pasta pueden adquirirse hoy como productos de alimentación integral. Se elaboran con harina hecha a partir de granos enteros de cereal y contienen una parte considerable de fibra. Hay pasta integral preparada con harina de trigo integral, sémola de trigo duro integral o sémola de trigo integral. Nuestra experta en la materia, la señora Marey Kurz, recomienda a las personas convencidas del elevado valor nutritivo de la pasta integral y a los que desean acostumbrarse a ella, que comiencen con las variedades más claras y después prueben la pasta oscura. Cuando se ha «descubierto» la pasta integral, se echa de menos en la pasta de harina en flor refinada, el sabor fuerte y sabroso de aquélla. La pasta integral, por otro lado, no se pone pegajosa tan rápidamente como la pasta blanca cuando se nos va un poco la mano en el tiempo de cocción. Armoniza con verduras y se condimenta con quesos fuertes.

A la hora de comprar pasta integral de elaboración industrial nos encontramos, sin duda, con los mismos problemas que con el pan integral, donde basta un puñado de granos de cereal en la masa del pan para poder proclamarlo como tal. Tratado con colorantes derivados del azúcar, el bonito tono marrón oscuro nos produce la sensación de estar comiendo un pan «sano». Por ello, la pasta hecha por uno mismo constituye la mejor garantía de una verdadera alimentación integral. Utilice únicamente granos recién molidos, pues las sustancias nutritivas se descomponen con facilidad tras la molienda, mientras que el horneo o la cocción, tienen un efecto conservante. Tan sólo en la harina integral recién molida están contenidas todas las sustancias valiosas del grano: las vitaminas del complejo B, las sustancias minerales y los oligoelementos.

Quien crea que la cocina de la pasta es idéntica sin más a la cocina italiana, se equivoca. En efecto: asombra la esmerada preparación de las creaciones asiáticas, que no se basan únicamente en el empleo de ingredientes de refinado sabor, sino que, también suponen un alto reto para las facultades artesanas del cocinero. Pero los platos de pasta pertenecen igualmente a las tradiciones de la Europa del Este, de las zonas occidentales de Asia, del Oriente Próximo y del Nuevo Mundo. Ya se trate de las empanadillas siberianas, de las suabas, de los *spätzle,* los ñoquis o los *nocken* austriacos, cada región del mundo tiene su propia especialidad, y a menudo sorprenden las semejanzas que existen entre creaciones procedentes de países muy distantes entre sí.

Por muy sencillo que pueda parecer preparar la pasta, y variados los modos de cocinarla, hay que tener siempre claro que los platos únicamente alcanzan su pleno sabor cuando los ingredientes utilizados son de la mejor calidad. A continuación, se recogen algunas sugerencias que pueden contribuir a su éxito y buen sabor:

- Ralle el queso siempre momentos antes de ir a utilizarlo.
- Utilice sólo huevos frescos para la masa de la pasta.
- Elija hierbas frescas mejor que secas y píquelas poco antes de aderezar el plato.
- No emplee especias que lleven mucho tiempo guardadas.
- Para freír, utilice siempre aceite de oliva, de semilla o de manteca; para las ensaladas, a ser posible aceite de oliva virgen y que no lleve demasiado tiempo almacenado.
- Sazone ligeramente, utilice mejor hierbas y otros ingredientes para dar sabor, como los copos de levadura, pasta de hierbas o ajo.
- Al condimentar, sea precavido con los ingredientes que contengan sal.
- Cuando acompañe la pasta con verduras u hortalizas, procure que sean frescas.
- Vierta sobre la pasta la mantequilla derretida cuando haya adquirido un tono amarillo dorado de lo contrario tendrá un gusto ligeramente amargo.
- Si emplea vino para preparar la salsa de un plato de pasta, sirva el mismo para beber.

Pasta casera

Preparación de la pasta

Preparar uno mismo una pasta a base de harina, huevos, un poco de aceite y sal, es sumamente sencillo: tan sólo hay que tomarse cierto tiempo y observar un par de reglas fundamentales. Para 4 personas se calculan de 200 a 300 g de harina, de 2 a 3 huevos, un poco de sal y de 2 a 3 cucharaditas de aceite. Todos los ingredientes han de estar, preferentemente, a la misma temperatura. Los huevos frescos de granja proporcionan a la pasta la calidad necesaria para satisfacer las mayores exigencias culinarias. Una vez cortada en forma de tallarines, por ejemplo, la pasta puede ponerse a secar extendiéndola, sin tirar demasiado de ella, sobre un lienzo enharinado. Deje reposar la pasta hasta que esté dura.

Tamice la harina sobre la superficie de trabajo, haga un hueco en el centro dándole forma de volcán, casque en éste los huevos y añada el aceite y la sal. Vaya mezclando con los dedos la harina y los ingredientes de dentro hacia afuera. Para que el huevo no se derrame, aguante con una mano la pared de harina.

Pasta elaborada con máquina

Amasar y extender, la parte más trabajosa a la hora de preparar la pasta, son operaciones que pueden realizarse con una sencilla máquina de funcionamiento manual que puede adquirirse en el comercio en los más diversos modelos. Provista de accesorios, con ella pueden prepararse espaguetis o incluso rellenar y sellar ravioles. A pesar de que los entendidos siguen ensalzando aún la pasta hecha «totalmente a mano», el ahorro de tiempo conseguido al utilizar una máquina supone una ventaja considerable: la pasta hecha con ayuda de esta máquina no requiere ningún tiempo de reposo antes de seguir trabajando con ella.

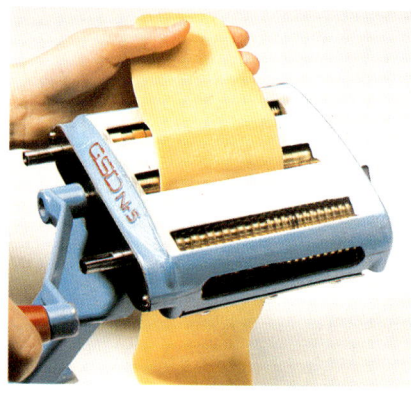

Los ingredientes se amasan primero a mano, hasta que la pasta no se pegue a la superficie de trabajo. Abra al máximo la distancia entre los rodillos, pase la pasta ligeramente enharinada y por tandas a través de los rodillos haciéndolos girar, pliéguela y vuelva a repetir el proceso, hasta que la pasta brille y haya adquirido la anchura de los rodillos.

Colorear la pasta

Elaborar pasta aromática con colores naturales requiere un poco más de tiempo y trabajo que la elaboración de pasta sencilla. Las espinacas escaldadas y picadas, o hechas puré, proporcionan un fuerte color verde. La mezcla de hierbas picadas hace que la pasta se vea salpicada de motas verdes. Si se echa puré de tomate o su concentrado o 1 pizca de azafrán mezclada con la harina, se obtienen diversos tonos naranjas. La remolacha reducida a puré confiere a la pasta un color rojo oscuro. Puesto que la mayoría de los ingredientes colorantes son jugosos, hay que añadir algo más de harina al amasar. Cada vez que extienda la pasta, tiene que enharinar la superficie de trabajo.

Escalde las espinacas, enfríelas con agua fría y póngalas a escurrir, por último, exprímalas bien. Redúzcalas a puré y amáselas con la harina, los huevos, el aceite y la sal. Si trabaja y extiende la pasta con una máquina, las espinacas también pueden utilizarse picadas.

Hervir la pasta correctamente

Una de las reglas fundamentales para preparar los deliciosos platos de pasta reza así: las pastas alimenticias no han de hervir demasiado. Es necesario probar varias veces la pasta durante la cocción, a fin de dar con la consistencia correcta. La pasta no tiene que estar dura ni tener sabor a harina, pero debe de mantener un centro firme y quedar elástica; entonces está «al dente», es decir: tiene la consistencia justa del bocado. Como mejor está la pasta es recién hervida. Una vez escurrida, se mezcla con una salsa o ragú y se sirve —según el gusto de cada cual— aderezada con queso recién rallado.

Para 400 g de pasta, ponga a hervir 4 l de agua y añada 2 cucharaditas de sal. Una cucharada de aceite en el agua de cocción impide que la pasta se pegue entre sí mientras hierve o que se quede adherida al fondo de la olla. Empuje los espaguetis poco a poco a lo largo de las paredes de la olla para que caigan en el agua hirviendo a borbotones.

Amase aplastando la mezcla con la palma de la mano, plegándola y volviéndola a aplastar, hasta obtener una pasta brillante y maleable. Esta operación dura de 10 a 15 minutos. Si la pasta estuviera muy dura, amásela con un poco de agua. Déjala reposar 1 hora tapada con un cuenco bien lavado.

Extienda la pasta hasta que esté lo más fina posible o, si se trata de pasta para rellenar, hasta que tenga de 2 a 3 mm de grosor. Dele la forma deseada sirviéndose de un cortapastas, o pliéguela y córtela en tallarines utilizando un cuchillo afilado. Si es para rellenar, proceda a ello acto seguido. Si no es para relleno, deje que se seque un poco antes de hervirla.

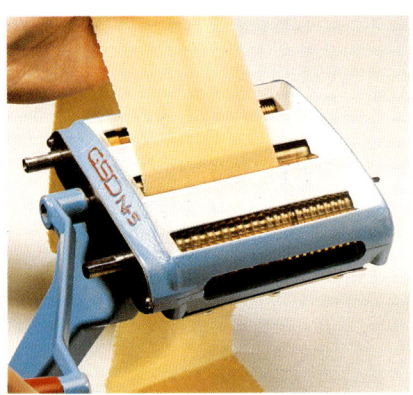

Para extender la pasta, vaya disminuyendo progresivamente la distancia entre los rodillos de la máquina. No vuelva a plegar la masa, de modo que se vaya alargando y adelgazando cada vez más. Al hacer pasar la pasta por la máquina, hay que procurar que aquélla se deslice sobre la superficie de trabajo cuan larga es y sin doblarse.

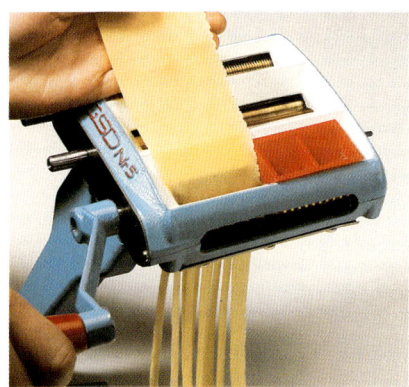

Con las cuchillas de corte de la máquina, corte la masa a la anchura deseada. Antes de la cocción, deje que los tallarines, los *tagliatelle* o los espaguetis se sequen colocándolos durante 20 minutos sobre un lienzo enharinado: en su casa cuelgue la pasta más alargada del respaldo de una silla.

Si quiere obtener pasta de un tono naranja a rojo claro, mezcle con los ingredientes de la pasta un puré de tomate frío, reducido hasta que quede bien espeso y aderezado con una mezcla de hierbas, unas cucharadas de tomate concentrado o 1 pizca de azafrán. Amase y extienda la pasta.

Hierva remolacha sin pelar de 40 minutos o 1½ horas, según su tamaño, luego pélela, píquela y redúzcala a puré; amásela con los demás ingredientes hasta obtener la pasta. La remolacha tiene que haberse enfriado bien, antes de mezclarse con los demás ingredientes.

Remueva una vez la pasta sirviéndose de una cuchara de madera. Pruebe un espagueti unos minutos antes del tiempo de cocción indicado en el paquete. La pasta casera necesita apenas la mitad del tiempo de cocción.

Vierta la pasta en un colador. Si va a ser utilizada para un gratín o una ensalada, hay que ponerla brevemente bajo el agua corriente fría. La *pasta asciutta* (pasta seca) ha de escurrirse solamente y mezclarse con la salsa. Puede mantenerse caliente unos minutos en el horno precalentado a 50 °C, después de haberla mezclado con mantequilla.

Pasta casera

«Tortellini» caseros

Hoy, los *tortellini* pueden adquirirse frescos en todas partes, en supermercados bien surtidos o en comercios especializados. Sin embargo, apenas puede superarse el buen sabor de los *tortellini* hechos en casa, con los deliciosos rellenos que van desde las gambas, pasando por la mezcla de queso y espinacas, hasta llegar a la carne, todo ello picado o reducido a puré. Además, se pueden variar al gusto los ingredientes que forman el relleno, añadir otras verduras, utilizar la carne que se prefiera, que, no obstante, tendrá que haberse cocido previamente. Los *tortellini* no son tan difíciles de preparar como supone la mayoría de la gente.

Extienda la pasta hasta que tenga 3 mm de grosor, córtela en círculos de unos 4 cm de diámetro. Cubra con un lienzo húmedo la pasta con la que no vaya a trabajar por el momento. Con una cucharita, distribuya sobre los círculos un relleno a base de carne, cebolla y salami picados y condimentados, 1 yema de huevo y queso rallado.

Preparar la lasaña

Si se atreve a preparar la lasaña, no tiene por qué ser un cocinero consumado, pero habrá de tomarse con muy buen ánimo el trabajo, pues lleva su tiempo tener listos todos los ingredientes necesarios. Usted mismo puede preparar fácilmente los rectángulos de lasaña con una pasta normal. Si desea ahorrarse esta parte del trabajo, puede comprarlos preparados secos. Un *sugo* italiano, la típica salsa de carne picada, tiene que estar cociendo a fuego lento hasta que se espese. Falta todavía por preparar la salsa bechamel, que también lleva su tiempo. Por último, hay que rallar el queso parmesano... y ya puede comenzar a colocar las capas de lasaña.

Unte bien con mantequilla una fuente refractaria rectangular. Cubra la base con salsa de carne picada y distribuya por encima la salsa bechamel. Coloque sobre esto una capa de lasañas de preparación casera, hervidas brevemente. En el comercio puede adquirir también lasaña que no necesita cocción previa.

Salsa boloñesa

Para la lasaña se necesita este sabroso *sugo* procedente de Bolonia, que también acompaña perfectamente a los espaguetis. Merece la pena preparar el doble o el triple de salsa de la que se necesita para una comida; puede guardarse en el refrigerador y constituir en todo momento la base para un delicioso plato. La versión que se describe aquí, y que es un poco trabajosa, es considerada la receta original.

Sofría en 2 cucharadas de aceite de oliva 100 g de tocino hasta que suelte la grasa; sofría luego 1 cebolla, 1 zanahoria, 1 tallo de apio y 1 diente de ajo troceados. Añada 400 g de carne picada variada y prosiga la cocción removiendo hasta que la salsa adquiera un tono marrón.

«Pesto»

El *pesto* es una salsa que no necesita cocción. Hay diversos métodos de preparar *pesto*, la pasta verde de hojas de albahaca. No obstante, son ingredientes permanentes, aparte de la albahaca, el ajo, los piñones, el aceite de oliva virgen y quesos aromáticos recién rallados como el parmesano y el pecorino. El *pesto* acompaña deliciosamente todo tipo de pasta fresca hervida, mejor si es de preparación casera. En Génova se mezcla, cucharada a cucharada, con el *minestrone*. Siempre que pueda conseguir albahaca fresca, es recomendable preparar más *pesto* y congelarlo por porciones. ¡Una grata sorpresa para los fríos días de invierno!

Machaque en el mortero 2 dientes de ajo picados y 1 cucharada colmada de piñones ligeramente tostados. Añada después las hojas de albahaca, lavadas y secas y macháquelas igualmente.

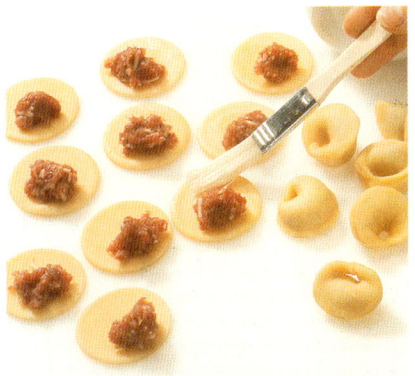
Pincele los bordes con agua. Cierre los círculos y presiónelos. Doble cuidadosamente las medias lunas en torno a la yema del dedo índice hasta obtener un anillo y presione los extremos para que queden pegados.

Hierva los *tortellini* a borbotones de 8 a 10 minutos en agua salada, escúrralos, rocíelos con mantequilla derretida y sírvalos aderezados con miga de pan tostada. Según el tipo de relleno, pueden servirse acompañados de una salsa al gusto.

Ponga sobre lo anterior una segunda capa de salsa de carne picada y bechamel y cúbralas con la última capa de lasaña. Cubra las láminas de pasta con salsa bechamel. No ha de quedar libre ninguna esquina de las láminas de pasta, pues, de no estar untadas, se resecarán con facilidad en el horno.

Para concluir, espolvoree la lasaña con abundante queso parmesano recién rallado, que puede mezclarse con pan rallado. Si lo desea, intercale dados de queso mozzarella o copos de mantequilla.

Vierta 1/8 l de vino tinto y deje que se evapore en el recipiente destapado y a fuego moderado. Añada 1 taza de caldo de carne caliente y 400 g de tomates pelados y picados y vuelva a dejar que el líquido se evapore. Aplaste el tomate con la cuchara de madera.

Condimente la salsa boloñesa con perejil recién picado, orégano seco, tomate concentrado, sal y pimienta y prosiga la cocción a fuego lento durante 1 hora. Tape el recipiente parcialmente. Remueva la salsa de vez en cuando.

Eche el puré en un cuenco. Añada alternadamente y sin dejar de batir 1 cucharada de queso rallado y unas gotas de aceite de oliva. Para ello resultan de mucha ayuda la batidora eléctrica o el robot.

Mezcle de esta manera todo el queso rallado (50 g de parmesano y otros tantos de pecorino) y unas 5 cucharadas de aceite de oliva. Condimente el *pesto* con sal y pimienta negra molida y déjelo reposar tapado 1 hora como mínimo. Mezcle el *pesto* con 2 cucharadas del agua de cocción de la pasta.

Sopas de pasta y entradas

Sopa de hierbas con fideos

Una sopa ligera que también está buena para la cena

½ lechuga	
½ manojo de cebollino, eneldo y perejil	
2 ramitas de pimpinela	
1 l de caldo de gallina (instantáneo)	
100 g de fideos *(capellini)*	
100 g de guisantes desgranados	
1 cucharadita de mantequilla	
1 pizca de sal y pimienta blanca recién molida	
1 pizca de nuez moscada recién rallada	
4 yemas	

Fácil • Económica

Por persona, unos 840 kJ/200 kcal · 8 g de proteínas · 9 g de grasas · 22 g de hidratos de carbono

Tiempo de preparación: 30 min

Desprenda las hojas de la lechuga, lávelas, séquelas y córtelas en tiras. Lave las hierbas y séquelas. Pique el cebollino, el eneldo y el perejil, deshoje la pimpinela. • Ponga a hervir el caldo de ave. Añada los fideos y los guisantes. • Deje cocer la sopa con el recipiente entreabierto 4 minutos a fuego moderado. • Agregue a la sopa las hierbas picadas, las tiras de lechuga y la mantequilla y déjelas que se calienten un poco. Condimente la sopa con la sal, la pimienta y la nuez moscada. • Deposite una yema en cada plato o taza sopera, vierta por encima la sopa y aderece ésta con las hojitas de pimpinela. • Sirva la sopa inmediatamente.

Sopa de pasta rallada

Para esta receta hay que rallar la pasta

Para la pasta:	
100 g de harina · 1 pizca de sal	
1 huevo	
Para la sopa:	
2 cucharadas de aceite de girasol	
1 l de caldo de verduras caliente	
10 g de setas calabaza secas	
1 pizca de nuez moscada recién rallada y sal	
1 yema · ½ manojo de perejil	

Especialidad austriaca

Por persona, unos 710 kJ/ 170 kcal · 6 g de proteínas 8 g de grasas · 19 g de hidratos de carbono

Tiempo para secar la pasta: 1 día
Tiempo de preparación: 40 min
Tiempo de cocción: 5 min

El día anterior, tamice la harina sobre una tabla de cocina, haga un hueco en el centro, añada la sal y el huevo y amase hasta obtener una pasta firme y lisa; de ser necesario, añada un poco más de harina. Ralle la pasta utilizando un rallador mediano. Extienda la pasta rallada sobre un lienzo y deje que se seque durante la noche. • Al día siguiente caliente el aceite en una cazuela. Dore la pasta rallada seca removiéndola. Añada el caldo de verdura y lleve a ebullición. Lave a fondo las setas secas en un colador y échelas a la sopa; déjela cocer 5 minutos. • Condimente la sopa con la nuez moscada y la sal y retírela del fuego. Mezcle la yema con 2 cucharadas de sopa caliente y ligue con esto la sopa. • Esparza el perejil picado sobre la sopa.

Nuestra sugerencia: La pasta tiene que estar firme al rallarla. Por ello es aconsejable colocar la bola de pasta en el congelador 15 minutos antes de que se vaya a rallar. La pasta rallada bien seca puede conservarse hasta 1 mes en un recipiente de cristal herméticamente cerrado.

Sopas con espaguetis y tallarines

Estas propuestas son variaciones del *minestrone* italiano

Sopa de pasta con garbanzos

A la izquierda de la foto

| 250 g de garbanzos |
| ½ cucharadita de sal |
| 2 ramitos de romero fresco |
| 3 dientes de ajo |
| 75 g de tocino ahumado |
| 1 l de caldo de carne, aproximadamente |
| 150 g de tallarines |
| 1 pizca de sal y pimienta blanca recién molida |

Elaborada • Económica

Por persona, unos 1 300 kJ/ 310 kcal · 11 g de proteínas 14 g de grasas · 35 g de hidratos de carbono

Tiempo de remojo: 12 horas
Tiempo de cocción: 1 h 40 min

Cubra los garbanzos con agua tibia y déjelos en remojo 12 horas. • Escurra luego los garbanzos, échelos en una cazuela, cúbralos con agua fría y póngalos a cocer. • Lave las ramas de romero. Pele los ajos. Agregue a los garbanzos 1 diente de ajo y 1 ramita de romero y deje cocer con el recipiente tapado durante 1½ hora a fuego lento, sálelos al final. • Pique muy finamente las hojitas del resto del romero, los dos dientes de ajo y el tocino. • Cuele los garbanzos cocidos a través de un colador y reserve el líquido de cocción. Mantenga los garbanzos tapados en un lugar caliente. Retire la ramita de romero y el diente de ajo. • Mezcle el agua de los garbanzos con el caldo de carne, hasta obtener 1½ l de líquido, y deje que dé un hervor. Agregue a la sopa el romero, el ajo y el tocino picados, incorpore los tallarines y cuézalos «al dente». • Condimente la sopa con la sal y la pimienta, y caliente en ella los garbanzos, procurando, sin embargo, que la sopa no cueza más. • La sopa puede aderezarse con queso parmesano rallado.

Sopa de pasta a la albahaca

A la derecha de la foto

| 350 g de patatas harinosas |
| 1½ l de caldo de verduras (instantáneo) |
| 2 tomates carnosos maduros |
| 150 g de espaguetis |
| 1 manojo de albahaca |
| 1 cucharada de aceite de oliva virgen |
| 1 pizca de sal y pimienta blanca recién molida |
| 4 cucharadas de queso parmesano recién rallado |

Fácil • Económica

Por persona, unos 1 210 kJ/ 290 kcal · 13 g de proteínas 6 g de grasas · 44 g de hidratos de carbono

Tiempo de preparación: 45 min

Lave las patatas, pélelas, vuelva a lavarlas bajo el agua corriente, córtelas en dados y póngalas a cocer a fuego lento unos 25 minutos en el caldo de verduras. • Haga un corte en forma de cruz en la base de los tomates, escáldelos en agua hirviendo, pélelos y añádalos a las patatas transcurridos 15 minutos del tiempo de cocción. • Trocee los espaguetis, incorpórelos a la sopa y cuézalos «al dente» unos 5 minutos. • Lave la albahaca, séquela, desprenda las hojitas de los tallos y córtelas en tiritas. • Agregue el aceite a la sopa. Condiméntela con la sal y la pimienta. • Sirva la sopa de pasta en 4 platos y aderece cada uno de ellos con la albahaca y 1 cucharada de queso parmesano.

Sopas de pasta procedentes de Rusia

La cocina integral ofrece nutritivas sopas tradicionales

Sopa de chucrut

A la izquierda de la foto

2 cebollas
½ manojo de hortalizas para el caldo
4 cucharadas de aceite de girasol
1 cucharada de alforfón
2 cucharadas de centeno molido grueso · 500 g de chucrut
1¼ l de agua · 1 hoja de laurel
1½ l agua · 1 cucharadita de sal
150 g de cuernecitos integrales
1 salchichón fresco
2 cucharadas de perejil recién picado
½ cubito de caldo de verduras
1-2 pizcas de pimienta negra recién molida
½ cucharadita de pimentón dulce

Receta integral • Especialidad

Por persona, unos 3 800 kJ/ 900 kcal · 11 g de proteínas 77 g de grasas · 42 g de hidratos de carbono

Tiempo de preparación: 30 min

Pele y pique las cebollas. Lave las hortalizas para el caldo, prepárelas y píquelas. • Caliente el aceite en una cazuela ancha. Sofría en ella las hortalizas y la cebolla. Añada el alforfón y el centeno y sofríalos 1 minuto removiendo. Pique el chucrut e incorpórelo luego a la mezcla de verduras y cereales, junto con el agua y la hoja de laurel. Cuézalo todo tapado unos 15 minutos a fuego lento. • Ponga a hervir el agua con la sal. Hierva la pasta unos 10 minutos, déjala escurrir en un colador y añádala a la sopa. • Corte el salchichón en rodajas y agréguelas a la sopa. Retire la hoja de laurel. Esparza el perejil sobre la sopa y condiméntela con el caldo de verduras, la pimienta y el pimentón.

Sopa campesina

A la derecha de la foto

1¼ l de agua
½ cubito de caldo de verduras
2 cucharaditas de juliana de hortalizas
50 g de alforfón
300 g de patatas
150 g de guisantes desgranados
150 g de pasta verde integral
½ manojo de eneldo
2 cucharadas de crema de leche espesa
1 cucharada de mantequilla
1 pizca de pimienta blanca recién molida

Receta integral • Económica

Por persona, unos 1 210 kJ/ 290 kcal · 12 g de proteínas 4 g de grasas · 49 g de hidratos de carbono

Tiempo de preparación: 15 min

Tiempo de cocción: 10 min

Ponga a hervir el agua junto con el cubito, la juliana y el alforfón. • Entre tanto, pele las patatas, lávelas, píquelas e incorpórelas con los guisantes y la pasta al caldo hirviendo. Hierva unos 10 minutos. • Lave el eneldo, séquelo, quítele los tallos gruesos y píquelo. • Aparte el recipiente del fuego. Agregue a la sopa la crema de leche, la mantequilla y las puntas de eneldo, condiméntela con la pimienta y, de ser necesario, con un poco más del cubito de caldo de verduras.

Nuestra sugerencia: Si desea una sopa más sustanciosa, podrá aderezarla, antes de servirla, con 100 g de tocino picado y sofrito hasta quedar dorado y crujiente. En ese caso, sustituya el delicado eneldo por perifollo. Con un postre a base de frutas frescas, tendrá un menú «rápido».

Sopas de verduras con pasta

Sopas fuertes que sacian, basta un postre para tener una comida redonda

Sopa genovesa de verduras

A la derecha de la foto

2 cebollas medianas
200 g de calabacines
100 g de zanahorias
150 g de judías verdes
4 cucharadas de aceite de oliva
1½ l de caldo de verduras caliente
1 pizca de sal y pimienta negra recién molida · 3 dientes de ajo
200 g de *rosmarini* (pasta con forma de hojitas de romero) u otra pasta pequeña
½ manojo de albahaca y perejil
2 cucharadas de queso pecorino (queso de oveja) recién rallado

Especialidad italiana

Por persona, unos 1 300 kJ/ 310 kcal · 9 g de proteínas 11 g de grasas · 43 g de hidratos de carbono

Tiempo de preparación: 50 min

Pele y pique las cebollas. Lave los calabacines, córteles los extremos. Raspe las zanahorias bajo el agua corriente, séquelas y córtelas en trozos pequeños. Trocee igualmente el calabacín. Lave las judías, déjelas escurrir y pártalas en trozos pequeños. ● Caliente el aceite de oliva en una cazuela. Fría la cebolla hasta que esté transparente. Añada las verduras troceadas y las judías y sofría removiendo con frecuencia unos 10 min ● Incorpore el caldo de verduras. Deje cocer la sopa a fuego lento durante 15 min y condiméntela luego con la sal y la pimienta. ● Pele los dientes de ajo, píquelos, agréguelos a la sopa y deje que cuezan breves momentos. ● Añada la pasta y cuézala «al dente», brevemente. ● Lave las hierbas, séquelas, aparte los tallos gruesos y pique las hojas. ● Sirva la sopa espolvoreada con las hierbas y el queso.

Sopa de pasta con col rizada

A la izquierda de la foto

½ col rizada de unos 600 g
1 cebolla · 2 cucharadas de aceite de oliva
1 pizca de nuez moscada recién rallada
1½ l de caldo de carne caliente
150 g de conchas
1 manojo de perejil
1 pizca de sal y pimienta negra recién molida
2 cucharadas de queso pecorino (queso de oveja) o parmesano recién rallado

Fácil ● Económica

Por persona, unos 1 050 kJ/ 250 kcal · 11 g de proteínas 7 g de grasas · 35 g de hidratos de carbono

Tiempo de preparación: 1 hora

Retire las hojas externas estropeadas de la col rizada, corte por la mitad la media col y corte el tronco duro. Corte en tiras finas los cuartos de col, lávelos en un colador bajo el agua corriente y déjelos escurrir bien. Pele la cebolla y córtela en anillos finos. ● Caliente el aceite. Fría la cebolla hasta que esté transparente. Añada las tiras de col y fríalas con la cebolla removiéndolas unos 10 minutos. ● Condimente la col con la nuez moscada y vierta por encima el caldo de carne. Deje cocer la col 30 minutos a fuego lento y tapada. ● Cueza las conchas «al dente» en la sopa. ● Lave el perejil, séquelo, quítele los tallos gruesos y pique las hojas. ● Condimente la sopa con la sal y la pimienta y sírvala espolvoreada con el queso y el perejil.

Sopas de pasta con judías

Nutritiva cocina casera para familias con apetito

Sopa de judías y pasta con carne de buey
A la izquierda de la foto

Ingredientes para 8 personas:
2½ l de agua · 1 cucharadita de sal · unos huesos para sopa
1 kg de pecho de buey
1 manojo de hortalizas para el caldo · 1 cebolla
500 g de judías verdes
200 g de fideos (capellini)
1 diente de ajo
½ manojo de cebollino y perejil
1 pizca de pimienta negra

Elaborada

Por persona, unos 1 680 kJ/ 400 kcal · 28 g de proteínas 22 g de grasas · 23 g de hidratos de carbono

Tiempo de preparación: 2½ horas

Ponga a hervir el agua con la sal. Lave la carne y los huesos. Lave las hortalizas para el caldo, prepárelas y córtelas en trozos gruesos. Pele la cebolla y échela en el agua hirviendo con las hortalizas, la carne y los huesos. Deje cocer 2 horas a fuego lento; durante los primeros 15 minutos, retire frecuentemente la espuma que se forme. • Prepare las judías, lávelas, trocéelas y hiérvalas en agua salada 15 minutos. Hierva la pasta en agua salada unos 4 minutos, échela en un colador, póngala bajo el agua corriente y déjala escurrir. • Pele el diente de ajo y píquelo muy finamente. • Saque los huesos del caldo. Quítele cuidadosamente a la carne la grasa y los tendones y córtela en dados. Cuele el caldo. • Lave las hierbas, séquelas y píquelas. • Incorpore al caldo las judías, los dados de carne, el ajo y la pasta. Condimente la sopa de pasta al gusto y aderécela con las hierbas.

Sopa napolitana de pasta
A la derecha de la foto

100 de judías mantequeras
1 manojo de hortalizas para el caldo · 500 g de tomates
2 cubitos de caldo de verduras
100 g de tallarines integrales
1 l de agua · 1 cucharadita de sal
6 cucharadas de aceite de oliva
2 cucharaditas de orégano picado o ½ cucharadita de orégano seco · 1 diente de ajo
1 pizca de pimienta de Cayena

Especialidad italiana

Por persona, unos 960 kJ/ 230 kcal · 6 g de proteínas 13 g de grasas · 22 g de hidratos de carbono

Tiempo de remojo: 12 horas
Tiempo de preparación: 20 min
Tiempo de cocción: 1 hora

Ponga a remojar las judías en 1 l de agua toda la noche. • Lave las hortalizas para el caldo y trocéelas. Escurra las judías en un colador, póngalas en una cazuela con 1 l de agua fresca, las hortalizas y 1 cubito y deje que cuezan durante 45 minutos tapadas y a fuego lento. • Cueza la pasta unos 7 minutos en agua salada hirviendo a borbotones hasta que esté «al dente», échela en un colador, mójela brevemente con un poco de agua fría y déjala escurrir. • Escalde los tomates en agua hirviendo, pélelos, quíteles el rabillo y corte la carne en trozos muy finos. • Pele el ajo, píquelo y fríalo en el aceite. Añádale los trozos de tomate, el orégano y la pimienta de Cayena. Deje cocer la salsa de tomate 5 minutos removiéndola, agréguela luego a la sopa de judías junto con la pasta escurrida. • Vuelva a calentar brevemente la sopa y condiméntela con el cubito que queda.

Sopas de verduras con albóndigas

Estas albóndigas constituyen una suculenta alternativa a las usuales albóndigas de sémola

Sopa de tomate con albóndigas de requesón

A la izquierda de la foto

2 tomates carnosos maduros
1 cucharadita de harina de trigo integral · 2 ramitos de tomillo
1 l de caldo de verduras caliente
1 pizca de sal y pimienta blanca recién molida · 2 huevos duros
40 g de mantequilla · 1 huevo
2 cucharadas de requesón descremado
1 ramita de romero
3 cucharadas de harina de trigo integral · 20 g de mantequilla
1 pizca de nuez moscada recién rallada y sal

Receta integral • Económica

Por persona, unos 1 090 kJ/ 260 kcal · 11 g de proteínas 19 g de grasas · 8 g de hidratos de carbono

Tiempo de preparación: 40 min

Haga un corte en forma de cruz en la base de los tomates, escáldelos brevemente en agua hirviendo y pélelos, quitándoles la parte del rabillo. Pique la carne de los tomates. • Derrita la mantequilla, dore en ella la harina. Incorpore removiendo los tomates y vierta el caldo de verduras. Sazone la sopa con la sal, la pimienta, las hojitas de tomillo y de romero y déjela cocer 10 minutos. • Para preparar las albóndigas, pele los huevos duros, píquelos y aplástelos con un tenedor, mézclelos con la mantequilla, el huevo, el requesón y la harina, hasta obtener una pasta lisa, y condimente ésta con la nuez moscada y la sal. • Sumerja una cucharita en agua caliente y con su ayuda forme bolitas con la pasta. Deje cocer las albóndigas de requesón en la sopa, hasta que suban a la superficie; la sopa sólo tiene que agitarse ligeramente.

Sopa de guisantes con albóndigas de harina

A la derecha de la foto

1 puerro pequeño
100 g de zanahorias
1 cucharada de aceite de cártamo
200 g de guisantes desgranados
1 l de caldo de gallina caliente
1 huevo
50 g de mantequilla ablandada
150 g de harina
½ cucharadita de sal de hierbas
1 pizca de sal y pimentón dulce
10 hojitas de menta

Fácil • Económica

Por persona, unos 1 380 kJ/ 330 kcal · 10 g de proteínas 15 g de grasas · 39 g de hidratos de carbono

Tiempo de preparación: 15 min

Tiempo de cocción: 20 min

Quite las hojas verdes oscuras del puerro y corte el extremo de las raíces. Corte el puerro por la mitad a lo largo, lávelo a fondo y córtelo en tiras finas (juliana). Raspe las zanahorias, lávelas, córtelas en trozos y luego en tiras. • Caliente el aceite en una cazuela. Agregue los guisantes y sofríalos con la juliana de verduras, luego incorpore el caldo de gallina. Deje hervir la sopa 15 minutos. • Para las albóndigas, mezcle bien el huevo y la mantequilla sirviéndose de un tenedor. Añada la harina y la sal de hierbas y amáselo todo hasta obtener una pasta maleable. • Sumerja una cucharita en la sopa caliente y haga con ella albóndigas de la pasta. Deje cocer las albóndigas en la sopa, hasta que suban a la superficie. • Condimente la sopa de guisantes con la sal y el pimentón. • Lave las hojitas de menta, píquelas y espárzalas sobre la sopa.

Pequeñas empanadillas para adornar las sopas

Las empanadillas son conocidas en casi todo el mundo; su preparación se diferencia, a menudo, en pequeños detalles

«Kreplach» judíos
A la derecha de la foto

| 2 huevos |
| ½ cucharadita de sal |
| 1 cucharada de aceite |
| 150-200 g de harina |
| 200 g de carne de ave cocida |
| 2 cucharadas de perejil picado |
| 1 cebolla pequeña |
| 1 cucharada de grasa de oca |
| ½ cucharadita de sal |
| 1 pizca de pimienta negra y jenjibre en polvo |
| 1 l de caldo de gallina (casero o instantáneo) |

Elaborada • Especialidad israelí

Por persona, unos 1 380 kJ/ 330 kcal · 21 g de proteínas 11 g de grasas · 39 g de hidratos de carbono

Tiempo de preparación: 40 min
Tiempo de reposo: 1 hora
Tiempo de cocción: 10 min

Bata ligeramente los huevos con la sal y el aceite. Tamice la harina y vaya incorporándola poco a poco a los huevos, hasta obtener una pasta firme. • Pase la carne de ave por la máquina de picar carne, utilizando el disco más fino, y mézclela con 1 cucharada de perejil. Pele la cebolla, píquela finamente y mézclela con la carne, la manteca, la sal, la pimienta y el jengibre en polvo. • Extienda la pasta hasta que tenga 3 mm de grosor y córtela en cuadrados de unos 5 cm de lado. Reparta el relleno sobre los cuadrados de pasta. Pliegue cada cuadrado en forma de triángulo y presione fuertemente sobre los bordes de pasta con ayuda de un tenedor. Deje reposar las empanadillas durante 1 hora sobre un lienzo enharinado. • Ponga a hervir el caldo de gallina. Deje cocer las empanadillas en el caldo 10 minutos a fuego lento. • Antes de servir la sopa, espolvoréela con el perejil restante.

Empanadillas siberianas
A la izquierda de la foto

| 300 g de harina |
| 2 huevos |
| ½ cucharadita de sal |
| 1 cebolla pequeña |
| 1 pizca de pimienta blanca recién molida |
| 250 g de buey picado |
| 1 yema |
| 1 l de caldo de carne (casero o instantáneo) |
| ½ manojo de eneldo |

Elaborada • Especialidad rusa

Por persona, unos 1 890 kJ/ 450 kcal · 27 g de proteínas 13 g de grasas · 42 g de hidratos de carbono

Tiempo de preparación: 45 min
Tiempo de reposo: 1 hora
Tiempo de cocción: 10-15 min

Amase la harina con los huevos, la sal y el agua tibia necesaria para obtener una pasta firme pero maleable. • Pele la cebolla, píquela muy finamente y, junto con la sal y la pimienta, mézclela con la carne picada. • Extienda la pasta sobre una superficie ligeramente enharinada, hasta que adquiera el grosor del canto de un cuchillo, y córtela en círculos de unos 4 cm de diámetro. Pincele los bordes con la yema ligeramente batida. • Distribuya el relleno de carne picada sobre los círculos de pasta, pliegue éstos para formar semicírculos y presione fuertemente los bordes con un tenedor. Deje reposar las empanadillas durante 1 hora sobre un lienzo enharinado. • Ponga a hervir el caldo de carne. Eche las empanadillas en el caldo, que estará agitándose ligeramente, y déjelas cocer 10-15 minutos. • Lave el eneldo y píquelo. Aderece con él el caldo antes de servirlo.

Sopa de pasta con tomate

Una ligera y aromática sopa estival

Sopa de pasta con verduras invernales

Según la oferta, puede emplear también otras verduras

4 tomates maduros grandes
1 l de agua
2 cubitos de caldo de verduras
1 cucharadita de aceite
100 g de fideos (capellini)
3 huevos
1 cucharaditas de zumo de limón
2 cucharaditas de zumo de limón picadas; cebollino, albahaca o perejil

Fácil • Especialidad griega

Por persona, unos 840 kJ/ 200 kcal · 11 g de proteínas 7 g de grasas · 22 g de hidratos de carbono

Tiempo de preparación: 40 min

Haga un corte en forma de cruz sobre la base de los tomates, escáldelos con agua hirviendo y déjelos reposar en ella unos minutos. • Ponga a hervir el agua y disuelva en ella los cubitos. • Enfríe los tomates con agua fría, pélelos y trocéelos apartando la parte dura del rabillo. Páselos por un tamiz dispuesto sobre el caldo de verduras. Añada el aceite. Vuelva a hervir la sopa. Agregue la pasta y hiérvala «al dente» unos 4 minutos. Retire luego la sopa del fuego y manténgala caliente tapada. • Separe las yemas de las claras. Bata las claras a punto de nieve con el zumo de limón. De una en una, incorpore removiendo las yemas a las claras montadas con la batidora de varillas. • Vaya incorporando a la masa de huevos 8 cucharadas de sopa caliente una tras otra. Mezcle luego esto con la sopa. • Sirva la sopa espolvoreada con las hierbas.

1 colinabo pequeño (400 g)
½ bulbo de apio nabo (200 g)
2 zanahorias (200 g)
¼ de col
1 cebolla grande
1 cucharada de aceite
1 l de caldo de carne caliente (instantáneo)
100 g de fideos (capellini)
1 cucharada de perejil recién picado

Elaborada • Especialidad rusa

Por persona, unos 920 kJ/ 220 kcal · 7 g de proteínas 3 g de grasas · 41 g de hidratos de carbono

Tiempo de preparación: 30 min
Tiempo de cocción: 25 min

Lave bajo el agua fría corriente el colinabo, el apio nabo y las zanahorias, pélelos o ráspelos, vuelva a lavarlos debajo del grifo y córtelos en rodajas o tiras no demasiado gruesas. Quite las hojas exteriores estropeadas de la col, así como las partes duras del tronco, lávela y córtela en tiras. Pele y pique la cebolla. • Caliente el aceite en una cazuela suficientemente grande. Sin dejar de remover, fría los trozos de cebolla hasta que estén transparentes. Añada las hortalizas, sofríalas unos momentos en el aceite y écheles por encima el caldo de carne. Deje cocer las hortalizas unos 20 minutos tapadas y a fuego lento. • Incorpore los fideos, remueva otra vez bien la sopa y cueza los fideos «al dente» unos 4 minutos. Antes de servir, espolvoree la sopa con el perejil picado.

<u>Nuestra sugerencia</u>: La sopa tiene un gusto más refinado si, antes de servir, añade a cada plato 1 cucharada de crema de leche.

Sopa de pasta con judías pintas

Los *ditali* son tubos de pasta cortos y gruesos

| 200 g de judías pintas |
| 1 cebolla pequeña |
| 2 dientes de ajo |
| 75 g de tocino ahumado |
| 250 g de tomates maduros |
| 1 manojo de perejil |
| 4 cucharadas de aceite de oliva |
| 1 l de cardo de carne, aproximadamente |
| 1 cucharadita de sal de hierbas |
| 1 pizca de pimienta negra |
| 150 g de *ditali* |
| 2 cucharadas de queso parmesano recién rallado |

Elaborada • Económica

Por persona, unos 1 890 kJ/ 450 kcal · 19 g de proteínas 15 g de grasas · 59 g de hidratos de carbono

Tiempo de remojo: 12 horas
Tiempo de preparación: 1¾ hora

Ponga a remojar las judías en agua toda la noche. • Deje cocer las judías en otro agua y tapadas durante aproximadamente 1 hora, luego cuélelas y reserve el líquido de cocción. • Mientras cuecen las judías, pele y pique la cebolla y los dientes de ajo. Corte el tocino en trocitos muy pequeños. Pele los tomates y trocéelos. Lave el perejil, séquelo y píquelo. • Caliente el aceite en una cazuela lo suficientemente grande. Fría en ella la cebolla y el ajo hasta que estén transparentes. Añada el tocino, el perejil, el tomate y las judías y prosiga la cocción 20 minutos con el recipiente tapado y a fuego lento. • Tamice la mitad de la preparación. Eche el líquido de cocción de las alubias a las hortalizas que no ha reducido a puré y añada tanto caldo de carne como sea necesario para obtener 1½ l de líquido. • Ponga a hervir la sopa y condiméntela con la sal de hierbas y la pimienta. • Cueza «al dente» los *ditali* en la sopa e incorpore removiendo, el puré de verduras, sirviéndose de la batidora de varillas. Caliente bien la sopa de nuevo y adérecela con el queso rallado antes de servirla.

Sopa de pasta con patatas

Un plato adecuado para los que siempre están hambrientos

1 cebolla mediana
100 g de tocino ahumado
250 g de patatas que no se deshagan al cocer
25 g de mantequilla
1½ l de caldo de carne caliente
1 pizca de sal y pimienta blanca recién molida
200 g de horquillas u otra pasta similar
2 cucharadas de perejil recién picado

Fácil • Económica

Por persona, unos 1 800 kJ/ 430 kcal · 10 g de proteínas 23 g de grasas · 48 g de hidratos de carbono

Tiempo de preparación: 45 min

Pele la cebolla y píquela finamente. Corte el tocino en dados. Cepille a fondo las patatas bajo el agua corriente templada, pélelas, vuelva a lavarlas y córtelas en rodajas finísimas. • Caliente la mantequilla en una cazuela. Dore la cebolla picada removiéndola constantemente con el tocino durante 10 minutos. • Añada el caldo de carne. Condimente el caldo con la sal y la pimienta y llévelo a ebullición. Incorpore las rodajas de patata y cuézalas 10 minutos. Eche la pasta en el caldo hirviendo, remueva bien y déjela cocer en el recipiente destapado hasta que esté «al dente». • Antes de servir la sopa, espolvoréela con el perejil picado.

<u>Nuestra sugerencia</u>: Puede añadir a la cebolla 1 ó 2 dientes de ajo picados y ahorrar calorías sustituyendo el tocino por 200 g de champiñones cortados en rodajitas.

Sopa de pasta con calabacín

A la italiana, con muchas verduras

1 cebolla
500 g de calabacines pequeños
2 tomates carnosos maduros
4 cucharadas de aceite de oliva
1½ l de caldo de carne caliente
150 g de horquillas u otra pasta pequeña
½ manojo de albahaca y perejil
1 pizca de sal y pimienta blanca recién molida
2 cucharadas de queso pecorino (queso de oveja) o parmesano recién rallado

Fácil • Económica

Por persona, unos 1 210 kJ/ 290 kcal · 10 g de proteínas 11 g de grasas · 37 g de hidratos de carbono

Tiempo de preparación: 40 min

Pele la cebolla y píquela. Lave los calabacines, séquelos, córteles ambos extremos y trocéelos. Haga un corte en forma de cruz en la base de los tomates, escáldelos en agua hirviendo, pélelos y córtelos en trozos, procurando quitarles la parte dura del rabillo. • Caliente el aceite en una cazuela. Sofría la cebolla removiéndola hasta que esté transparente. Añada los trozos de calabacín y de tomate y rehóguelo brevemente removiendo. Incorpore el caldo de carne y póngalo a hervir. Eche la pasta en la sopa, remueva una vez y cuézala unos 6 minutos hasta que esté «al dente». • Lave las hierbas, séquelas, retire los tallos gruesos y pique las hojitas. Eche las hierbas en la sopa, condimente ésta con la sal y la pimienta y aderécela con el queso rallado antes de servirla.

Sopa de «riebele»

Las tiernas verduras y la lechuga iceberg son una fuente de vitaminas

Sopa de ave y pasta

Los trozos de ave constituyen la base de esta sopa

50 g de harina de mijo y soja
1 cucharadita de sal de hierbas
½ cucharadita de hierbas provenzales
½ cucharada de cúrcuma en polvo · 1 huevo pequeño
1 cucharada de aceite de sésamo
250 g de patatas nuevas
150 g de zanahorias
200 g de lechuga iceberg
150 g de guisantes desgranados
50 g de mantequilla
2 l de agua
1 cubito de caldo de verduras
2 cucharaditas de sal
2 cucharadas de perejil recién picado

Receta integral • Especialidad

Por persona, unos 1 300 kJ/ 310 kcal · 16 g de proteínas 15 g de grasas · 28 g de hidratos de carbono

Tiempo de preparación: 50 min

Para preparar la pasta de los *riebele*, mezcle toda la harina con la sal de hierbas, las hierbas provenzales y la cúrcuma y, junto con el huevo y el aceite, amáselo todo hasta obtener una pasta firme y maleable. Haga una bola con la pasta y déjela reposar 30 minutos tapada bajo un cuenco. • Pele las patatas y ralle las zanahorias, lávelo todo y trocéelo. Lave la lechuga, pártala en cuartos y vuelva a cortar éstos otras 2 ó 3 veces en diagonal. Sofría de 2 a 3 minutos en la mantequilla los trozos de patata y zanahoria con los guisantes. Incorpore la lechuga, vierta 1 l de agua y añada el cubito. Hierva la sopa unos 10 minutos y condiméntela luego con sal de hierbas. • Ponga a hervir el otro litro de agua con la sal para los *riebele*. Con un rallador grueso, ralle la pasta sobre el agua. Deje cocer los *riebele* hasta que el agua hierva, luego escúrralos y, junto con el perejil, mézclelos con la sopa.

2 alas de pavo (unos 800 g)
1½ l de agua
1 cucharadita de sal
1 hoja de laurel
5 granos de pimienta blanca
1 cucharada de juliana de verduras seca
150 g de zanahorias, brécoles, puerros y champiñones
50 g de mantequilla
150 g de pasta integral para sopa
2 cucharaditas de sal de hierbas
2 cucharadas de perejil recién picado

Receta integral • Elaborada

Por persona, unos 2 100 kJ/ 500 kcal · 49 g de proteínas 19 g de grasas · 32 g de hidratos de carbono

Tiempo de preparación: 1¼ horas

Lave las alas de pavo y póngalas a cocer 45 minutos con el agua, la sal, la hoja de laurel, los granos de pimienta y la juliana. • Prepare y lave las hortalizas. Pique las zanahorias. Divida el brécol en trozos gruesos. Corte el puerro en aros finos y los champiñones en láminas delgadas. • Saque las alas de pavo del caldo, quíteles la piel y los huesos y desmenuce la carne groseramente. Cuele el caldo por un tamiz. • Caliente la mantequilla en una cazuela. Sofría las hortalizas de 1 a 2 minutos removiéndolas con frecuencia, eche el caldo de ave y déjelo cocer 5 minutos. • Añada la pasta a la sopa, remueva y prosiga la cocción unos 5 minutos. • Incorpore la carne y condimente la sopa con la sal de hierbas. • Esparza el perejil sobre la sopa antes de servirla.

Cazuela de «Puszta»

Este guiso húngaro, fuertemente condimentado, también puede prepararse sin queso

250 g de pimientos verdes
500 g de tomates carnosos
1 manojo de hortalizas para el caldo
250 g de espaldilla de buey
1 pizca de pimienta negra recién molida
2 cebollas · 2 dientes de ajo
1 tacita de aceite de oliva (1 dl)
1 l de agua caliente
½ cubito de caldo de verduras
1 cucharadita de pimentón dulce y comino
½ cucharada de tomillo seco
100 g de pasta integral (espirales)
2 pizcas de pimentón rosa
1 cucharada de perejil y cebollino recién picados
100 g de queso pecorino (queso de oveja)

Receta integral

Por persona, unos 2 180 kJ/ 520 kcal · 19 g de proteínas 37 g de grasas · 27 g de hidratos de carbono

Tiempo de preparación: 1 hora

Corte en cuartos los pimientos, prepárelos, lávelos y córtelos en tiras finas. Pele los tomates y trocéelos. Prepare las hortalizas para el caldo, lávelas y píquelas. Trocee la carne y condiméntela con la pimienta. • Pele las cebollas y los ajos, píquelos muy finamente y sofríalos en el aceite de oliva, sáquelos luego con una espumadera. En ese aceite, fría la carne en 2 tandas, removiéndola hasta que esté dorada y crujiente. Añada la cebolla, el ajo y las hortalizas ya preparadas y sofríalos también brevemente. Incorpore el agua, el cubito, el pimentón en polvo, el comino y el tomillo triturado. Déjelo cocer todo 10 minutos con el recipiente tapado. • Eche la pasta en la sopa y cuézala unos 8 minutos en el recipiente destapado. • Agregue el pimentón rosa, el perejil y el cebollino. No deje que la sopa vuelva a hervir. • Ralle el queso y, ya en la mesa, échelo sobre la sopa.

Finas sopas chinas de pasta

Albóndigas de carne envueltas en pasta o pasta de huevo son productos típicos de la cocina asiática

Sopa «won ton»
A la derecha de la foto

Ingredientes para 6 personas:
200 g de harina · 1 huevo
1 cucharadita de sal
2 cebollas tiernas · 1 dl de agua
100 g de brotes de bambú enlatados
100 g de filetes de pechuga de pollo
1 cucharada de salsa de soja y vino de arroz
1 cucharada de salsa de soja y vino de arroz
1 pizca de sal y pimienta blanca recién molida · 1 clara
3 l de agua
2 cucharaditas de sal
1 l de caldo de ave sustancioso
1 manojo de berros
Para la superficie de trabajo: harina

Elaborada • Especialidad

Por persona, unos 920 kJ/ 220 kcal · 12 g de proteínas 6 g de grasas · 27 g de hidratos de carbono

Tiempo de preparación: 1¾ hora

Tamice la harina sobre un cuenco. Bata ligeramente el huevo con el agua y la sal y mézclelo con la harina. Amase la pasta hasta que esté lisa y brillante y déjala reposar tapada durante 1 hora. • Prepare las cebollas, lávelas y córtelas en trozos muy finos; eche la mitad en un recipiente. Escurra los brotes de bambú, córtelos en trozos muy pequeños y añádalos a las cebollas junto con la carne picada. Pique la carne de pollo y añádala a la carne picada con la salsa de soja, el vino de arroz, la sal y la pimienta. Amáselo todo hasta obtener un relleno maleable. • Extienda la pasta sobre una superficie enharinada, hasta que quede fina, y córtela en círculos de 8 cm de diámetro. Distribuya el relleno por encima. Bata la yema con 1 cucharada de agua y unte con ello los bordes de los círculos. Pliegue éstos y presione los bordes con un tenedor. • Ponga a hervir el agua con la sal. Deje cocer los «won ton» durante 5 minutos en el agua hirviendo, échelos en un colador y déjelos escurrir. • Caliente el caldo de gallina. Lave los berros bajo el agua corriente, séquelos y píquelos. • Distribuya en 6 platos soperos la cebolla tierna restante y los «won ton», vierta sobre ellos el caldo de gallina y adorne la sopa con los berros.

Sopa «wo mein»
A la izquierda de la foto

2 l de agua · 1 cucharadita de sal
200 g de fideos chinos de huevo
250 g de pierna de cerdo
3 cebollas tiernas
2 cucharadas de aceite de sésamo · 250 g de col china
1 l de caldo de gallina caliente
1 pizca de sal y de pimienta

Fácil • Rápida

Por persona, unos 1 800 kJ/ 430 kcal · 19 g de proteínas 20 g de grasas · 41 g de hidratos de carbono

Tiempo de preparación: 30 min

Ponga a hervir el agua con la sal. Hierva la pasta unos 8 minutos, échela luego en un colador y déjala escurrir. • Corte la carne de cerdo en tiras de ½ cm de ancho y las cebollas y la col china en tiras finas. • Dore las tiras de carne en el aceite para que queden crujientes. Añada las tiras de cebolla y col y fríalas durante 2 minutos. Eche la pasta en una cazuela y llene ésta con el caldo de gallina. • Condimente la sopa con la sal y la pimienta y sírvala en tazas para sopa precalentadas.

Exquisitas sopas asiáticas

Si le gusta la comida asiática, tiene que probar estas sopas

Sopa «nabeyaki udon»
A la izquierda de la foto

200 g de filetes de pechuga de gallina
200 g de champiñones
3 cebollas tiernas
1 manojo de perejil
1 l de caldo de gallina sustancioso
125 g de fideos japoneses *udon*, reemplazables por espaguetis
4 huevos
2 cucharadas de salsa de soja

Especialidad japonesa

Por persona, unos 1 090 kJ/ 260 kcal · 14 g de proteínas 8 g de grasas · 26 g de hidratos de carbono

Tiempo de preparación: 40 min

Corte los filetes de gallina en tiras de 1 cm de ancho. Prepare los champiñones, lávelos bajo el agua corriente templada, déjelos escurrir y córtelos en rodajitas finas. Prepare las cebollas, lávelas a fondo y córtelas en aros. Lave el perejil bajo el agua corriente, séquelo, quítele los tallos gruesos y pique las hojitas groseramente. • Ponga a hervir el caldo de gallina. Hierva ligeramente la pasta unos 3 minutos. Agregue a la sopa las tiras de gallina, los champiñones y los aros de cebolla y déjelo cocer 1 minuto. • Casque los huevos en una taza, añádalos a la sopa y déjelos escalfar 3 minutos (la sopa sólo tiene que agitarse ligeramente). Después, saque cuidadosamente los huevos de la sopa con una espumadera y póngalos en tazas o platos soperos. • Condimente la sopa con salsa de soja y agregue el perejil. • Vierta la sopa sobre los huevos y sírvala inmediatamente.

Sopa «yakko mein»
A la derecha de la foto

6 setas chinas secas
1 taza de agua templada
2 l de agua
1 cucharadita de sal
1 cucharadita de aceite
200 g de fideos chinos de huevo
50 g de jamón del país desgrasado
250 g de espinacas
1 trozo de rizoma fresco de jengibre (3 cm de largo)
1 l de caldo de gallina sustancioso
1 lata de ostras al natural en su líquido (225 g)
1 pizca de sal

Fácil • Especialidad china

Por persona, unos 1 090 kJ/ 260 kcal · 13 g de proteínas 6 g de grasas · 40 g de hidratos de carbono

Tiempo de preparación: 40 min

Remoje las setas secas con agua templada. • Ponga a hervir el agua con la sal y el aceite. Hierva en ella la pasta 8 minutos, échela luego en un colador, deje que se escurra y manténgala caliente tapada. • Corte el jamón en tiras. Prepare las espinacas, lávelas a fondo y parta en trozos pequeños las hojas escurridas. Pele el jengibre y rállelo muy finamente. • Escurra las setas y córtelas en tiras. • Caliente el caldo de gallina. Deje cocer en él las tiras de jamón 5 minutos a fuego lento. Incorpore al caldo las espinacas, las setas y las ostras con su líquido. Deje cocer la sopa a fuego lento otros 2 minutos. • Vuelva a calentar bien la pasta en la sopa y agregue el jengibre. Por último, condimente la sopa al gusto con la sal.

Macarrones con rebozuelos y tomates

Puede preparar este plato con *penne* —literalmente, plumas—, una pasta italiana hueca y corta que tiene los extremos cortados en diagonal

500 g de rebozuelos (u otras setas silvestres)
500 g de tomates
1 cebolla blanca grande
1 diente de ajo
4 cucharadas de aceite de oliva
2½ l de agua
1 cucharadita de sal
250 g de macarrones o *penne*
100 g de queso pecorino (queso de oveja)
1 pizca de sal de hierbas y pimienta blanca recién molida
½ manojo de albahaca

Coste medio • Rápida

Por persona, unos 1 800 kJ/ 430 kcal · 17 g de proteínas 14 g de grasas · 60 g de hidratos de carbono

Tiempo de preparación: 1 hora

Prepare las setas, enjuáguelas brevemente con agua fría, lávelas, séquelas y córtelas en rodajas finas. Haga un corte en forma de cruz en la base curva de los tomates, escáldelos unos instantes en agua hirviendo y pélelos, procurando quitarles la parte dura del rabillo. Por último, trocéelos. • Pele y pique la cebolla. Pele el ajo, córtelo en rodajitas pequeñas y fríalo en el aceite con la cebolla, hasta que esté transparente. Incorpore las setas y fríalas removiendo, hasta que se haya evaporado totalmente el líquido. • Ponga a hervir el agua con la sal. Hierva la pasta «al dente», y escúrrala luego en un colador; manténgala caliente tapada. • Mezcle los trozos de tomate con el ragú de setas y sofría 8 minutos. • Ralle el queso pecorino. Condimente el ragú con la sal de hierbas y la pimienta. Desprenda las hojitas de albahaca de los tallos, lávelas, séquelas, píquelas groseramente y mézclelas con el ragú. • Sirva la pasta en una bandeja precalentada, distribuya el ragú por encima y aderece el plato con el queso rallado.

Pasta con crema y nueces

Los tallarines de elaboración casera hacen de este plato un manjar

| 2½ l de agua |
| 1 cucharadita de sal |
| 250 g de tallarines anchos |
| 200 g de nueces |
| 2 dientes de ajo |
| 50 g de mantequilla |
| 3 dl de crema de leche agria |

Especialidad de los Balcanes

Por persona, unos 3 190 kJ/ 760 kcal · 18 g de proteínas 52 g de grasas · 55 g de hidratos de carbono

Tiempo de preparación: 15 min
Tiempo de cocción: 20 min

Ponga a hervir el agua con la sal. Cueza ahí la pasta, procurando que no se ablande demasiado; los tallarines secos necesitan unos 8 minutos, la pasta fresca sólo la mitad de tiempo. • Muela muy finamente 150 g de nueces. Pele los dientes de ajo y córtelos en rodajitas finas. • Derrita la mantequilla en una sartén grande hasta que esté espumosa y tueste ligeramente las nueces molidas y las rodajitas de ajo, removiendo. • Escurra la pasta e incorpórela a la mezcla de nueces y ajo, remueva y condiméntelo todo con un poco de sal. • Sirva la pasta muy caliente en un recipiente precalentado y aderécela con el resto de las nueces. • Remueva la crema agria al fuego procurando que no se caliente demasiado, y sírvala aparte en una salsera.

Nuestra sugerencia: Si le traen sin cuidado las calorías, puede servir esta opípara receta procedente de los Balcanes, en vez de con crema agria, con una mezcla de crema de leche y petit suisse. Por lo demás, también hay una variente dulce de esta delicia: se condimenta con miel o azúcar en lugar de sal y, naturalmente, se prescinde del ajo.

Espaguetis con salsa de guindillas

Una salsa picante que puede modificarse al gusto

| 3 guindillas · 1 pimiento verde |
| 2 cebollas · 1 diente de ajo |
| 1 pizca de sal · 1 calabacín pequeño · 250 g de espaguetis |
| 2 tomates · 3 cucharadas de aceite de oliva |
| 150 g de granos de maíz |
| 2 cucharadas de tomate |
| 5 cucharadas de vino blanco seco · 2½ l de agua |
| 1 pizca de pimienta negra |
| 1 pizca de orégano seco |
| 2½ l de agua |
| 1 cucharadita de sal |

Fácil • Económica

Por persona, unos 1 590 kJ/ 380 kcal · 12 g de proteínas 9 g de grasas · 64 g de hidratos de carbono

Tiempo de preparación: 1 hora

Corte por la mitad las guindillas y el pimiento, quíteles el rabillo, las pepitas y las membranas blancas, lávelos, séquelos y córtelos en trocitos muy pequeños. Pele y pique las cebollas. Pele el diente de ajo, píquelo, espolvoréelo con sal y macháquelo. Lave el calabacín, quítele los extremos y rállelo. Pele los tomates y cuartéelos; trocee la carne. • Caliente 2 cucharadas de aceite en una sartén y fría en ella los trozos de cebolla hasta que estén transparentes. Agregue el resto de las verduras preparadas y el ajo. Añada los granos de maíz. Deje cocer la mezcla de verduras a fuego lento durante 5 minutos. • Deslía el tomate concentrado con el vino e incorpórelo a las verduras. Condimente la salsa con la pimienta y el orégano desmenuzado. De ser necesario, añada un poco de sal. • Ponga a hervir el agua con la sal y añada el resto del aceite. Hierva los espaguetis hasta que estén «al dente», unos 8 minutos. • Sirva la salsa con la pasta y, si lo desea, añada queso parmesano recién rallado.

Macarrones con higadillos

Rematados con un postre, constituyen una comida ligera

300 g de higadillos de ave
3 escalonias
3 cucharadas de aceite de semillas
1 cucharada de harina
¼ l de caldo de carne caliente
⅛ l de vino tinto seco
2 cucharaditas de pimentón dulce
1 cucharadita de vinagre de vino tinto
1 pizca de sal y pimienta negra recién molida
2½ l de agua
1 cucharadita de sal
250 g de macarrones largos
3 cucharadas de crema de leche

Fácil

Por persona, unos 1 380 kJ/ 330 kcal · 9 g de proteínas 10 g de grasas · 50 g de hidratos de carbono

Tiempo de descongelación: 20 min

Tiempo de preparación: 45 min

Retire los restos de hiel de los higadillos. • Lávelos bajo el agua fría, escúrralos y córtelos en tiras. • Pele y pique las escalonias y fríalas en el aceite hasta que estén transparentes. Añada las tiras de hígado, sofríalas removiendo, espolvoréelas con la harina y vierta poco a poco el caldo de carne. Añada el vino. Condimente el ragú con el pimentón, el vinagre, la sal y la pimienta y déjelo cocer 5 minutos a fuego lento, procurando removerlo de vez en cuando. Destape después el recipiente y deje que se evapore un poco de líquido a fuego moderado. • Ponga a hervir el agua con la sal. Hierva los macarrones unos 10 minutos, procurando que no queden demasiado blandos, échelos luego en un colador y déjelos escurrir. • Incorpore al ragú la crema de leche y sírvalo con la pasta.

Espaguetis con ajo y aceite

Espaguetis con ajo y aceite, como primer plato

4 dientes de ajo
1 manojo de perejil
4 cucharadas de aceite de oliva
1 guindilla
2½ l de agua
1 cucharadita de sal
1 cucharada de aceite
250 g de espaguetis
Eventualmente, 4 cucharadas de queso pecorino (queso de oveja) o parmesano recién rallado

Rápida • Especialidad

Sin pecorino, contiene por persona unos 1 300 kJ/310 kcal · 8 g de proteínas · 10 g de grasas 48 g de hidratos de carbono

Tiempo de preparación: 30 min

Pele los dientes de ajo y píquelos muy finamente. Lave el perejil, séquelo, córtele los tallos gruesos y pique las hojitas. • Caliente el aceite de oliva en una sartén pequeña y sofría ligeramente los trocitos de ajo con la guindilla entera, removiendo constantemente. Al hacerlo, procure que no se dore el ajo, de lo contrario tendrá un sabor amargo. Retire la sartén del fuego y manténgalo todo caliente tapado. • Ponga a hervir el agua con la sal y el aceite, eche los espaguetis en el agua hirviendo a borbotones y cuézalos unos 8 minutos hasta que estén «al dente». • Deje escurrir la pasta en un colador. • Saque la guindilla del aceite de ajo. • En una fuente precalentada, mezcle los espaguetis con el aceite de ajo y sírvalos aderezados con el perejil. • Si lo desea, eche sobre cada plato 1 cucharada de pecorino o parmesano recién rallado.

Macarrones con yemas de espárragos

Los entendidos no echan queso rallado sobre este plato típicamente italiano

400 g de tomates pelados en conserva
1 diente de ajo grande
3 filetes de anchoa
1 kg de espárragos verdes
3 cucharadas de aceite de oliva
2 l de agua
1 ½ cucharaditas de sal
1 cucharadita de aceite
200 g de macarrones (penne)
1 pizca de pimienta blanca recién molida

Fácil • Coste medio

Por persona, unos 1 380 kJ/ 330 kcal · 15 g de proteínas 10 g de grasas · 49 g de hidratos de carbono

Tiempo de preparación: 45 min

Deje escurrir los tomates en un colador y desmenúcelos luego groseramente. Pele el diente de ajo y córtelo por la mitad a lo largo. Lave los filetes de anchoa bajo el agua corriente fría, séquelos y píquelos finamente. • Lave a fondo los espárragos bajo el agua tibia corriente y corte las yemas en trozos de unos 3 cm de largo (utilice el resto para una sopa). • Caliente el aceite en una cazuela grande. Agregue al aceite caliente los trozos de ajo, las anchoas, el tomate y los espárragos y rehóguelo todo unos 15 minutos tapado y a fuego lento. • Entre tanto, ponga a hervir el agua con 1 cucharadita de sal y el aceite. Eche la pasta en el agua hirviendo a borbotones, remuévala a fondo una vez y cuézala «al dente» unos 8 minutos. • Deje escurrir luego los macarrones en un colador y sírvalos en una fuente precalentada. • Condimente las verduras con el resto de la sal y la pimienta y mézclelas con la pasta. Deje reposar el plato tapado unos 3 minutos, para que la pasta coja bien el sabor; después sírvala.

Nuestra sugerencia: Naturalmente, si puede adquirir tomates aromáticos de huerta, elíjalos antes que los de conserva.

Sabrosas entradas a base de pasta

La pasta armoniza bien con hierbas frescas y delicadas verduras

Tallarines con hierbas

A la derecha de la foto

500 g de tomates maduros
2 dientes de ajo · ½ cebolla
1 manojo de albahaca y perejil
3 cucharadas de aceite de oliva virgen · 1 cucharadita de hojitas de orégano frescas o
½ cucharadita de orégano seco
1 tallo de apio
½ cucharadita de sal
1 pizca de pimienta negra recién molida
2 l de agua · 1 cucharadita de sal
200 g de tallarines finos (taglierini)
1 cucharadita de aceite

Elaborada

Por persona, unos 1 300 kJ/ 310 kcal · 9 g de proteínas 9 g de grasas · 46 g de hidratos de carbono

Tiempo de reposo: 3 horas
Tiempo de preparación: 30 min

Haga un corte en forma de cruz en la base curva de los tomates, escáldelos unos instantes en agua hirviendo a borbotones, pélelos, córtelos en trozos, procurando quitarles la parte dura del rabillo y las pepitas, y déjelos escurrir en un colador. Pele los dientes de ajo y échelos en un cuenco pasándolos por el prensa ajos. Pele y pique la cebolla. Lave el apio, escúrralo, quítele las hebras gruesas y pique el tallo. Lave la albahaca y el perejil, séquelos, píquelos y mézclelos con el ajo, junto con los trozos de tomate, la cebolla y el apio, el aceite y el orégano fresco o el seco desmenuzado. Aderece las verduras con la sal y la pimienta y déjelas reposar tapadas 3 horas en el frigorífico, para que se desarrolle bien el sabor. • Ponga a hervir el agua con la sal. Hierva los tallarines unos 8 minutos hasta que estén «al dente» en el agua hirviendo con el aceite, escúrralos bien, revuélvalos con la mezcla de tomate y hierbas y sírvalos en seguida.

Conchas con calabacín

A la izquierda de la foto

3 dientes de ajo
1 manojo de perejil
3 calabacines medianos y firmes
1 cucharadita de hojitas de orégano frescas o
½ cucharadita de orégano seco
1½ cucharaditas de sal
1 pizca de pimienta negra recién molida
2 l de agua
1 cucharadita de aceite
200 g de conchas

Rápida • Económica

Por persona, unos 1 210 kJ/ 290 kcal · 8 g de proteínas 9 g de grasas · 43 g de hidratos de carbono

Tiempo de preparación: 35 min

Pele los dientes de ajo, lave el perejil y escúrralo; pique ambos. Lave los calabacines, séquelos y córtelos en rodajas. • Sofría el ajo en el aceite. Añada el calabacín, fríalo hasta que adquiera un tono marrón dorado y condiméntelo generosamente con el orégano, el perejil, ½ cucharadita de sal y la pimienta. Mantenga caliente las verduras. • Ponga a hervir el agua con el resto de la sal y el aceite. Hierva la pasta unos 8 minutos hasta que esté «al dente», déjela escurrir bien en un colador. • Mezcle las conchas con las verduras y vuelva a calentarlo todo bien.

Tallarines caseros con espinacas

La preparación de la pasta aparece descrita con todo lujo de detalles en la página 8

200 g de harina
2 huevos · 2 dientes de ajo
½ cucharadita de sal
750 g de espinacas frescas
1 cucharada de aceite
2 cucharadas de mantequilla
1 cucharadita de sal
1 pizca de nuez moscada recién rallada
1 pizca de pimienta negra recién molida
3 l de agua · 1 cucharadita de sal
50 g de queso parmesano recién rallado
Para la superficie de trabajo: harina

Elaborada •
Especialidad italiana

Por persona, unos 1 680 kJ/ 400 kcal · 19 g de proteínas 16 g de grasas · 44 g de hidratos de carbono

Tiempo de preparación: 1½ hora

Amase, hasta obtener una pasta firme y maleable, la harina, los huevos y la sal, haga con ella una bola y déjela reposar 1 hora tapada bajo un cuenco. • Prepare las espinacas, lávelas y cuézalas con su propio líquido, hasta que estén esponjosas. • Déjelas luego enfriar, exprímalas ligeramente y píquelas. • Pele los dientes de ajo y córtelos por la mitad. Caliente en una cazuela el aceite y 1 cucharada de mantequilla, dore el ajo y sáquelo del aceite. Eche las espinacas en el aceite, condiméntelas con la sal, la nuez moscada y la pimienta y déjelas rehogar 5 minutos a fuego lento y tapadas. • Extienda la pasta sobre la superficie de trabajo enharinada hasta que quede fina, haga con ella un rollo, córtelo en rodajas, extienda éstas en tiras y déjelas unos instantes sobre la superficie de trabajo. • Ponga a hervir el agua con la sal. Hierva los tallarines hasta que estén «al dente», unos 5 minutos en el agua hirviendo a borbotones, escúrralos en un colador y mézclelos con el resto de la mantequilla en una fuente calentada. • Coloque las espinacas sobre la pasta y esparza por encima el parmesano.

Tallarines con tomate y champiñón

Los tomates maduros y la salvia fresca proporcionan un aroma delicado

1 cebolla blanda grande
400 g de champiñones
1 cucharada de zumo de limón
2 tomates carnosos · 2 l de agua
2 cucharadas de mantequilla
1 pizca de sal, azúcar y pimienta negra · 1 cucharadita de sal
1 cucharadita de aceite de semillas · 2 dientes de ajo
200 g de tallarines anchos
½ manojo de salvia

Especialidad italiana

Por persona, unos 1 300 kJ/ 310 kcal · 10 g de proteínas 10 g de grasas · 46 g de hidratos de carbono

Tiempo de preparación: 1 hora

Pele y pique la cebolla. Pele los dientes de ajo y píquelos muy finamente. Prepare lo champiñones, lávelos, séquelos, córtelos en rodajitas finitas y viértales en seguida el zumo de limón. Haga un corte en forma de cruz en la base de los tomates, escáldelos en agua hirviendo, pélelos, córtelos en cuartos, procurando quitarles la parte dura del rabillo, y trocéelos. • Caliente la mantequilla. Fría en ella la cebolla hasta que esté transparente. Añada los champiñones y el ajo y déjelo cocer todo durante 10 minutos a fuego lento. • Mezcle el tomate con los champiñones. Condimente las verduras con la sal, el azúcar y la pimienta. • Ponga a hervir el agua con la sal. Añada el aceite. Hierva los tallarines unos 8 minutos, procurando que no se reblandezcan demasiado. • Separe las hojitas de salvia de los tallos, lávelas, escúrralas y córtelas en tiras. • Ponga unos instantes la pasta en un colador bajo el agua corriente fría, déjela escurrir y mézclela con las verduras. Esparza la salvia por encima. • Sirva la pasta en seguida en una bandeja precalentada. Puede aderezarla con parmesano rallado.

Nidos con salsa de mejillones

Tagliatelle se llaman en Italia los tallarines enrollados en forma de nido

2 ½ l de agua
1 ½ cucharaditas de sal
4 nidos *(tagliatelle)* de unos 65 g cada uno · 5 filetes de anchoa
200 g de mejillones abiertos al vapor o enlatados al natural
2 cucharadas de alcaparras pequeñas
1 cucharada de maicena
1 cucharadita de mostaza picante
1 pizca generosa de sal y pimienta negra
Unas gotas de zumo de limón
2 cucharadas de crema de leche espesa
2 cucharadas de petit suisse natural

Fácil

Por persona, unos 1 510 kJ/ 360 kcal · 18 g de proteínas 7 g de grasas · 54 g de hidratos de carbono

Tiempo de preparación: 40 min

Ponga a hervir el agua con la sal. Sumerja los nidos en el agua hirviendo a borbotones, reduzca el fuego y deje hervir la pasta unos 8 minutos. Eche luego los *tagliatelle* en un colador, recogiendo en un recipiente el agua de la cocción. Tape la pasta y consérvela caliente. • Escurra los mejillones, guardando el líquido. Pique los filetes de anchoa. Mezcle las alcaparras escurridas con los trocitos de anchoa y los mejillones. • Mezcle la maicena con el líquido de los mejillones. Ponga a hervir de nuevo 2 tazas del agua de la cocción de la pasta, mézclela con la maicena, deje que dé un hervor y apártela del fuego. Condimente generosamente la salsa con la mostaza, la sal, la pimienta y el zumo de limón, mézclela con la crema de leche, el petit suisse y los mejillones y caliéntela de nuevo, pero sin que vuelva a hervir. • Reparta la pasta en los platos y échele por encima la salsa de mejillones.

Coditos con brécoles

Un soberbio primer plato para ocasiones festivas

3 dientes de ajo
3 filetes de anchoa
1 kg de brécoles
2 l de agua
1 cucharadita de sal
200 g de coditos
3 cucharadas de aceite de oliva
1 pizca de pimienta de Cayena

Fácil

Por persona, unos 1 380 kJ/ 330 kcal · 18 g de proteínas 9 g de grasas · 48 g de hidratos de carbono

Tiempo de preparación: 1 hora

Pele y pique los dientes de ajo. Lave brevemente los filetes de anchoa bajo el agua corriente fría, séquelos y píquelos. Lave a fondo los brécoles y déjelos escurrir bien. Recorte un poco los tallos y quíteles una fina capa de piel de abajo a arriba. Corte los ramitos de brécol en trozos de 5 cm de largo (los más gruesos, córtelos en trozos más pequeños, de modo que el tiempo de cocción sea igual para todos). • Ponga a hervir el agua con la sal, añada los brécoles y déjelos hervir tapados unos 15 minutos a fuego moderado, échelos luego en un colador y guarde el agua. Tape la verdura y manténgala caliente. • Ponga a hervir de nuevo el agua de cocción de los brécoles y deje hervir los coditos unos 8 minutos hasta que estén «al dente». • Entre tanto, caliente el aceite de oliva en una sartén pequeña. Fría el ajo y las anchoas con la pimienta de Cayena removiendo durante 15 minutos a fuego lento. • Deje escurrir la pasta en un colador, échela en una fuente precalentada, mézclela con los brécoles y la salsa de anchoas y déjelo reposar todo tapado durante 5 minutos. Vuelva a mezclarlo todo bien. • Para aderezar, lleve a la mesa el molinillo de la pimienta blanca.

Ñoquis con tomate

En Italia, después de este apreciado entrante, se sirve una chuleta y ensalada de lechuga

300 g de harina · ½ cucharadita de sal · 1 pizca de azafrán
800 g de tomates carnosos
3 cucharadas de aceite de oliva
1½ cucharaditas de albahaca picada · 3 dientes de ajo
½ cucharadita de sal
1 pizca de pimienta blanca
1 cucharadita de orégano recién picado · 3 l de agua
1½ cucharaditas de sal
2 cucharadas de queso pecorino (queso de oveja) recién rallado

**Apropiado como guarnición •
Especialidad sarda**

Por persona, unos 1 680 kJ/ 400 kcal · 14 g de proteínas 10 g de grasas · 64 g de hidratos de carbono

Tiempo para secar la pasta: 2 días
Tiempo de preparación: 50 min

Tamice la harina sobre un cuenco y esparza la sal por encima. Deslía el azafrán en un poco de agua caliente e incorpórelo a la harina. Vaya añadiendo poco a poco el agua necesaria para obtener una pasta que pueda amasarse. Amase bien la pasta, forme con ella un cordón de 1 cm de grosor y corte éste en trozos de 5 cm de largo. Deje secar los ñoquis entre dos lienzos durante 2 días. • Haga un corte en forma de cruz en la base curva de los tomates y escáldelos en agua hirviendo, pélelos y córtelos en trozos pequeños, procurando quitarles la parte dura del rabillo. Pele y cuartee los dientes de ajo. • Caliente el aceite en una cazuela grande. Sofría el ajo removiéndolo y vuelva a sacarlo. Eche en el aceite la albahaca, el tomate, la sal y la pimienta. Remuévalo todo bien y déjelo cocer tapado durante 30 minutos a fuego lento. Por último, incorpore el orégano. • Para los ñoquis, ponga a hervir el agua con la sal. Hiérvalos hasta que suban a la superficie, déjelos escurrir en un colador y sírvalos en una fuente aderezados con el tomate. Esparza el queso por encima.

Ñoquis de patata

Las patatas recién recolectadas son poco convenientes para los ñoquis

1 kg de patatas harinosas
1 cucharadita de sal
150 g de queso parmesano
250-300 g de harina
4 l de agua
2 cucharaditas de sal
150 g de mantequilla

Apropiado como guarnición • Elaborada

Por persona, unos 3 400 kJ/ 810 kcal · 25 g de proteínas 40 g de grasas · 92 g de hidratos de carbono

Tiempo de preparación: 1¼ hora

Pele las patatas, lávelas, córtelas en trozos del mismo tamaño y hiérvalas unos 20 minutos cubiertas con agua salada. • Ralle el queso parmesano. • Pase las patatas cocidas por un pasapurés, póngalas sobre una superficie de trabajo enharinada y deje que se enfríen. Espolvoréelas por encima con un poco de sal y amase las patatas añadiendo tanta harina como sea necesaria para obtener una pasta lisa y no demasiado firme. • Déjela reposar 10 minutos, divídala en 8 partes y haga con éstas rollos del grosor del dedo pulgar. Corte los rollos en trozos de 2½ cm de largo, presione éstos ligeramente con un tenedor, de modo que se formen unas ranuritas. • Ponga a hervir el agua con la sal en una cazuela grande. Deje resbalar dentro los ñoquis y sepárelos cuidadosamente con un tenedor. Los ñoquis están cocidos cuando flotan en la superficie. • Sáquelos con una espumadera y déjelos escurrir. Unte con abundante mantequilla una fuente calentada. Derrita el resto de la mantequilla. • Coloque los ñoquis por capas en la fuente, aderezando cada capa con parmesano rallado y la mantequilla derretida. • Sírvalos en seguida.

Ñoquis de sémola de maíz

Con salsa de tomate y una ensalada, se convierten en un plato principal

1¼ l de agua
1 cucharada de sal
350 g de sémola de maíz, molida no muy fina
100 g de queso parmesano
100 g de mantequilla derretida
2 dl de crema de leche espesa
Para el molde: mantequilla

Apropiado como guarnición • Elaborada

Por persona, unos 3 190 kJ/ 760 kcal · 18 g de proteínas 44 g de grasas · 70 g de hidratos de carbono

Tiempo de preparación: 1 hora

Ponga a hervir el agua en una olla alta. Añada la sal. Vaya dejando caer despacio la sémola de maíz en el agua removiéndola con la batidora de varillas de manera que se formen pequeños grumos. Deje que la sémola se hinche removiéndola durante unos 45 minutos a fuego lento. Así obtendrá una pasta firme. • Entre tanto, ralle el queso parmesano. Unte con bastante mantequilla una fuente para gratinar. Precaliente el horno a 200 °C. • Utilizando una cuchara, que habrá de sumergir constantemente en agua caliente, forme ñoquis con la pasta de maíz y dispóngalos en la fuente enmantecada. Espolvoree una primera capa de ñoquis con el parmesano y eche sobre la segunda la mantequilla derretida. Cubra la última capa de ñoquis con la crema. • Gratínelos en el horno 5 minutos.

Variaciones a base de tallarines

Si es posible, emplee ajo y verduras recién recolectados

Tallarines con mantequilla de ajo

A la izquierda de la foto

| 2½ l de agua |
| 1½ cucharaditas de sal |
| 250 g de tallarines *(fettuccine)* |
| 50 g de mantequilla |
| 25 g de piñones |
| 50 g de queso pecorino (queso de oveja) |
| 2 dientes de ajo |
| 1 pizca de sal de hierbas |

Rápida • Económica • Apropiada como guarnición

Por persona, unos 1 970 kJ/ 470 kcal · 13 g de proteínas 25 g de grasas · 57 g de hidratos de carbono

Tiempo de preparación: 35 min

Ponga a hervir el agua. Añada la sal. Hierva los tallarines en el agua salada unos 8 minutos hasta que estén «al dente». Caliente 1 cucharada de mantequilla en una sartén pequeña. Tueste un poco los piñones. • Ralle el pecorino. Pele los dientes de ajo, píquelos, espolvoréelos con la sal de hierbas y macháquelos. Mezcle el ajo con el resto de la mantequilla. • Eche la pasta en un colador, déjela escurrir bien y revuélvala con la mantequilla de ajo; sírvala en una fuente precalentada. • Esparza por encima los piñones tostados. Distribuya sobre la pasta el pecorino rallado y sirva los tallarines inmediatamente.

Nuestra sugerencia: En vez de piñones, puede emplear también nueces machacadas. Por su lado, el pecorino puede sustituirse por parmesano.

Tallarines con «lecso»

A la derecha de la foto

| 500 g de pimientos amarillos |
| 300 g de tomates |
| 2 cebollas blancas grandes |
| 1 guindilla |
| 50 g de tocino ahumado |
| 3 cucharadas de aceite de girasol |
| 2½ l de agua |
| 1½ cucharaditas de sal |
| 250 g de tallarines *(fettuccine)* |
| 50 g de queso parmesano recién rallado |

Rápida • Económica • Apropiada como guarnición

Por persona, unos 1 970 kJ/ 470 kcal · 16 g de proteínas 20 g de grasas · 57 g de hidratos de carbono

Tiempo de preparación: 30 min
Tiempo de cocción: 20 min

Lave los pimientos, córtelos por la mitad, quíteles el rabillo, las membranas blancas y las semillas y corte las mitades en tiras finas. Haga un corte en forma de cruz en la base curva de los tomates, escáldelos brevemente en agua hirviendo, pélelos, procurando cortarles la parte dura del rabillo y trocéelos. Pele y pique las cebollas. Lave la guindilla y córtela en aritos finos. Pique el tocino. • Caliente el aceite en una sartén. Dore el tocino hasta que esté crujiente. Añada la cebolla y remueva hasta que esté transparente. Incorpore las tiras de pimiento, los trozos de tomate y la guindilla. Rehogue la verdura en su propio líquido 15 minutos. • Ponga a hervir el agua. Añada la sal. Hierva los tallarines «al dente», échelos luego en un colador y déjelos escurrir. • Condimente el *lecso* con sal. Disponga los tallarines en una fuente precalentada. Distribuya el *lecso* por encima y aderece con queso parmesano.

Bolsitas chinas de pasta rellenas

En China, cada comensal moja los ravioles en su propia tacita con salsa de soja

«Hah gavs»

A la izquierda de la foto

2 dl de agua · 150 g de harina
5 castañas de agua enlatadas (o 3 tiras de apio)
30 g de jamón del país desgrasado · ½ manojo de perejil
150 g de gambas · 1 pizca de sal
4 cucharadas de aceite de sésamo · ½ cucharadita de azúcar
8 cucharadas de salsa de soja

Elaborada • Especialidad china

Por persona, unos 1 300 kJ/ 310 kcal · 18 g de proteínas 10 g de grasas · 38 g de hidratos de carbono

Tiempo de preparación: 1¾ h

Hierva el agua. Tamice la harina sobre un cuenco. Incorpore removiendo el agua hirviendo y amase hasta obtener una pasta maleable. Forme con la pasta un rollo de 3 cm de grosor y déjelo reposar 1 hora tapado con un lienzo. • Escurra las castañas o lave el apio y córtelos en trozos muy pequeños. Lave el perejil, séquelo, quítele los tallos y pique las hojitas. Corte el jamón en trozos pequeños. Desmenuce las gambas. Mezcle todos los ingredientes picados con la sal y el azúcar. • Corte el rollo de pasta en trocitos del tamaño de una nuez y forme con éstos círculos aplastados. Ponga el relleno en el centro. Forme una pequeña bolsa con cada círculo y junte los bordes superiores. • Vierta agua en una cazuela grande y plana hasta una altura de 5 cm y hiérvala. Unte un plato con aceite, coloque las bolsitas, ponga el plato sobre el agua hirviendo apoyado sobre dos tazas, tape el recipiente y cueza las bolsas al vapor 10 min. • Mezcle la salsa de soja con el resto del aceite y sírvala con las bolsas.

«Jao mais»

A la derecha de la foto

1 dl de agua · ½ cucharadita de sal · 200 g de gambas · 1 huevo
200 g de carne de cerdo picada, sin grasa · 3 setas chinas secas
½ cucharadita de sal y azúcar
1 pizca de pimienta blanca
4 cucharadas de vino de arroz
4 cucharadas de aceite de sésamo · 200 g de harina
8 cucharadas de salsa de soja
Para la superficie de trabajo: harina

Elaborada • Especialidad china

Por persona, unos 2 100 kJ/ 500 kcal · 27 g de proteínas 17 g de grasas · 59 g de hidratos de carbono

Tiempo de preparación: 1¾ horas

Ponga a remojar las setas cubiertas con agua tibia. • Tamice la harina en un cuenco. Bata ligeramente el huevo con el agua y la sal, añádalos a la harina y amase hasta obtener una pasta; déjela reposar tapada durante 1 hora. • Pique las gambas y las setas previamente escurridas y mezcle ambas con la carne picada, la sal, el azúcar, la pimienta y el vino de arroz. • Forme con la pasta un rollo de unos 3 cm de grosor y corte éste en 40 bolas. Extiéndalas en círculos muy finos y espolvoréelos con la harina. • Distribuya el relleno sobre los círculos de pasta. Pincele los bordes con agua y pliéguelos en forma de medias lunas. Cierre los bordes presionándolos. Coloque las empanadillas en un plato untado con aceite y cuézalas al vapor 15 minutos de la manera descrita en la receta anterior. • Mezcle la salsa de soja con el resto del aceite de sésamo y sírvala acompañando a las empanadillas rellenas.

«Won tons»

Estas empanadillas fritas y servidas con salsa de ciruelas son apropiadas como entrada o acompañando a un cóctel

300 g de harina · 1 huevo
1 dl de agua · 1 cebolla tierna
½ cucharadita de sal
100 g de brotes de bambú enlatados
300 g de carne de cerdo picada, sin grasa
1 cucharada de salsa de soja
1 cucharada de vino de arroz o de Jerez seco
1 pizca de sal y de pimienta blanca recién molida, respectivamente · 1 clara
1 taza grande de compota de ciruelas, escurridas y deshuesadas
1 pizca de canela en polvo y corteza de limón rallada
Para la superficie de trabajo: harina
Para freír: 1 l de aceite de semillas

**Elaborada •
Especialidad china**

Por persona, unos 3 400 kJ/ 810 kcal · 25 g de proteínas 48 g de grasas · 65 g de hidratos de carbono

Tiempo de preparación: 2½ horas

Tamice la harina sobre un cuenco. Bata ligeramente el huevo con el agua y la sal, incorpórelo a la harina y amase hasta obtener una pasta; amásela hasta que esté elástica y brillante. Necesitará de 10 a 15 minutos. Deje reposar la pasta durante 1 hora, tapada con un cuenco o con un lienzo. • Prepare la cebolla, lávela a fondo, séquela y córtela en aros finos. Corte los brotes de bambú en trozos de ½ cm. Mezcle la carne picada con la salsa de soja, el vino de arroz o el jerez, la sal y la pimienta. Incorpore los aros de cebolla y los trozos de bambú a la carne picada amasándolos. • Forme con la pasta un rollo de unos 3 cm de grosor y corte éste en 40 trozos. Haga bolas con los trozos de pasta y, sirviéndose de un rodillo, extiéndalas sobre una superficie ligeramente enharinada, hasta obtener círculos muy finos; espolvoree éstos con harina. Bata ligeramente la clara con 1 cucharada de agua. Unte con ella los bordes de los círculos de pasta. Disponga el relleno de carne picada en el centro de los círculos. Pliegue éstos para formar medias lunas. Presione bien los bordes con un tenedor. Deje reposar las empanadillas hasta que esté lista la salsa de ciruelas. • Reduzca a puré las ciruelas con la canela y la corteza de limón rallada en el robot o píquelas y páselas por un tamiz. Si lo desea, endulce la salsa de ciruelas y alárguela con el líquido de la compota de ciruelas. • Caliente el aceite a 180 °C en una freidora o sartén honda. Eche las empanadillas por tandas en el aceite y dórelas por ambos lados. Mientras se fríen, déles una vez la vuelta. • Sírvalas, calientes o frías, con la salsa de ciruelas.

<u>Nuestra sugerencia</u>: A fin de que las empanadillas no se sequen con demasiada rapidez después de haberlas extendido, es recomendable rellenarlas y doblarlas siempre por tandas. Entre tanto, cubra el resto de los círculos de pasta con un lienzo húmedo. Los círculos de pasta demasiado secos ya no se dejan doblar tan bien sobre el relleno. La consistencia de los brotes de bambú hace que éstos resulten bastante crujientes al comerlos. En su lugar, se puede mezclar con el relleno brotes de soja muy finamente picados.

«Kuo tiehs»

Para preparar estos saquitos de pasta chinos, resulta útil una sartén de paredes altas

300 g de harina · ¼ l de agua
250 g de col china
250 g de carne de cerdo picada, sin grasa · 2 cebollas tiernas
2 cucharadas de salsa de soja
1 cucharada de vino de arroz
½ cucharadita de sal y azúcar
6 cucharadas de aceite
Para la superficie de trabajo: harina

Elaborada

Por persona, unos 2 310 kJ/ 550 kcal · 18 g de proteínas 30 g de grasas · 47 g de hidratos de carbono

Tiempo de preparación: 2 horas

Divida en 2 recipientes la harina. • Ponga a hervir ⅛ l de agua. Mezcle una parte de la harina con ⅛ l de agua fría y mezcle la otra parte con el agua hirviendo. Amase juntas ambas y déjelas reposar hasta que el relleno esté preparado. • Prepare la col china, lávela, córtela en tiras y déjela estofar con 4 cucharadas de agua tapada a fuego lento 10 minutos; déjela luego enfriar, estrújela un poco y píquela. • Prepare las cebollas, lávelas y córtelas en aros finos; mezcle éstos con la carne picada, la salsa de soja, el vino de arroz, la sal, el azúcar y la col china. • Forme con la pasta un rollo de 3 cm de grosor, córtelo en trozos del tamaño de una nuez, enharínelos ligeramente y extiéndalos formando círculos finos. • Reparta el relleno en los círculos de pasta. Ciérrelos de modo que parezcan saquitos, colóquelos sobre una fuente de hornear enharinada y déjelos reposar 20 minutos cubiertos con un lienzo. • Caliente la mitad del aceite en una sartén. Disponga ahí los saquitos y añádales agua hasta la mitad de su altura. Tape la sartén y deje que los saquitos se cuezan durante 3 minutos. Retire después el líquido. Vierta el resto del aceite alrededor de los saquitos y prosiga la cocción con el recipiente tapado de 10 a 12 minutos más hasta que estén crujientes. • Esta receta combina con una salsa fuerte al gusto.

Pasta con salsa o ragú

Una mina para todos los que aprecian la pasta acompañada de sabrosos ingredientes

Espaguetis con salsas cremosas

Ya sea con salsa de queso Gorgonzola, de salmón y crema o de albahaca, se deberían probar todas estas variantes

Espaguetis con salsa de Gorgonzola

A la izquierda de la foto

1 cebolla pequeña
1-2 dientes de ajo
3 cucharadas de aceite de oliva
1 cucharadita de harina
3,5 dl de crema de leche
⅛ l de vino blanco seco
300 g de queso de Gorgonzola
50 g de piñones · 4 l de agua
400 g de espaguetis
2 cucharaditas de sal
½ cucharadita de hierbas secas

Coste medio • Fácil

Por persona, unos 4 200 kJ/ 1 000 kcal · 43 g de proteínas 54 g de grasas · 81 g de hidratos de carbono

Tiempo de preparación: 30 min

Pele la cebolla y el ajo, píquelos y sofríalos en el aceite. Espolvoree la harina por encima y vierta la crema de leche y el vino blanco. • Revuelva en la salsa 200 g de queso Gorgonzola troceado y los piñones; déjela reposar tapada 10 min. • Hierva los espaguetis en agua salada «al dente», mézclelos con la salsa y las hierbas.

Espaguetis con salsa de salmón y crema

A la derecha de la foto

⅛ l de vino blanco seco
½ cucharadita de sal y pimienta en grano · 400 g de espaguetis
½ manojo de estragón
350 g de salmón fresco
½ l de crema de leche
150 g de zanahorias
4 l de agua
1 cucharada de aceite
1 pizca de pimienta blanca
1 cucharada de mantequilla helada · 2 cucharaditas de sal

Coste medio

Por persona, unos 4 200 kJ/ 1 000 kcal · 34 g de proteínas 63 g de grasas · 80 g de hidratos de carbono

Tiempo de preparación: 45 min

Hierva el vino con la sal, los granos de pimienta y 1 rama de estragón. Escalfe el salmón de 3 a 5 min y córtelo en trozos pequeños. • Cuele el caldo y hiérvalo hasta reducirlo a la mitad. • Añada la crema de leche y redúzcala a la mitad a fuego vivo. • Ralle las zanahorias y córtelas en tiritas finas; blanquéelas 2 minutos. • Hierva los espaguetis «al dente» en agua salada y aceite. • Pique el resto del estragón y mézclelo con la salsa; condimente con sal y pimienta. Incorpórele la mantequilla a cucharaditas. Caliente el salmón y las zanahorias en la salsa.

Espaguetis con salsa de albahaca

En el centro de la foto

2 escalonias · 1-2 dientes de ajo
2 cucharadas de aceite de oliva
3 dl de crema de leche espesa
2 petit suisse grandes al natural
2 manojos de albahaca
1 pizca de sal y pimienta blanca
1-2 cucharaditas de zumo de limón · 2 manojos de albahaca
1 yema · 400 g de espaguetis

Fácil • Rápida

Por persona, unos 2 980 kJ/ 710 kcal · 16 g de proteínas 38 g de grasas · 77 g de hidratos de carbono

Tiempo de preparación: 30 min

Sofría las escalonias y el ajo picado y vierta la crema y el petit suisse mezclados con los demás ingredientes. Mezcle esta salsa con la pasta cocida.

Espaguetis de alforfón con salsa de tofu

Quien se aventure a probar por primera vez el tofu, encontrará en ésta una receta sencilla y convincente

300 g de tofu (queso de soja)
2 cucharadas de salsa de soja
3 cucharadas de semillas de sésamo sin pelar
1 pizca de pimienta negra recién molida · 500 g de tomates
1 cebolla · 500 g de pepinos
4 l de agua · 2 cucharaditas de sal · 50 g de mantequilla
400 g de espaguetis de alforfón
100 g de queso pecorino (queso de oveja)
¼ l de crema de leche agria
4 cucharadas de eneldo recién picado
1 cucharadita de pimentón dulce

Receta integral • Fácil

Por persona, unos 2 980 kJ/ 710 kcal · 29 g de proteínas 30 g de grasas · 81 g de hidratos de carbono

Tiempo de preparación: 1 hora

Deje escurrir el tofu, córtelo en dados de ½ cm y mézclelos en un recipiente con la salsa de soja, las semillas de sésamo y la pimienta. • Haga un corte en forma de cruz en la base curva de los tomates, escáldelos brevemente en agua hirviendo y pélelos procurando quitarles la parte dura del rabillo. Trocee los tomates. Pele los pepinos y trocéelos igualmente. • Pele y pique la cebolla y sofríala en una cazuela ancha con la mantequilla hasta que esté transparente. Añada el tofu junto con su aliño y sofríalo de 2 a 3 minutos removiendo. Añada al tofu los trozos de pepino y tomate. Prosiga la cocción de 10 a 15 minutos a fuego lento. • Ponga a hervir el agua. Añada la sal y hierva los espaguetis hasta que estén «al dente», déjelos escurrir en un colador, rocíelos con un poco de agua fría y échelos en una fuente grande precalentada. • Ralle el queso groseramente. • Retire la salsa del fuego, mézclela con el queso rallado, la crema agria y el eneldo, condiméntela con el pimentón y, de ser necesario, con un poco más de salsa de soja. • Vierta la salsa sobre los espaguetis.

Cazuela de pasta con setas

Puede prepararla con champiñones, rebozuelos o diversos tipos de setas silvestres

600 g de setas de cardo
2 cucharadas de mantequilla
1 pizca de sal y pimienta negra
2 cucharadas de pimentón dulce
3 cucharadas de tomate concentrado
1 dl de crema de leche espesa
1 petit suisse grande natural
4 l de agua
2 cucharaditas de sal
400 g de coditos
½ manojo de perejil

Fácil

Por persona, unos 2 600 kJ/ 620 kcal · 18 g de proteínas 26 g de grasas · 79 g de hidratos de carbono

Tiempo de preparación: 40 min

Enjuague las setas con agua fría, séquelas, prepárelas y córtelas en trozos. • Caliente la mantequilla en una cazuela. Sofría las setas y sazónelas con la sal, la pimienta y el pimentón. Mezcle el tomate concentrado con la crema y el petit suisse y agréguelo a las setas. Rehogue las setas a fuego lento hasta que la pasta esté cocida. • Ponga a hervir el agua con la sal. Hierva la pasta unos 8 minutos hasta que esté «al dente», procurando que no quede demasiado blanda. • Lave el perejil, escúrralo, quítele los tallos gruesos y píquelo. • Ponga a escurrir en un colador la pasta cocida. Mezcle la salsa de setas con la pasta en una fuente precalentada. Esparza por encima el perejil. • Si lo desea, puede completar esta receta añadiéndole queso parmesano o Emmenthal recién rallado.

Nuestra sugerencia: Puesto que la mezcla, con ragú o con salsa, ha de servirse siempre muy caliente, es recomendable precalentar la fuente de servicio en el horno a 50 °C, mientras se está preparando la receta. Si no desea conectar el horno para ello puede llenar la fuente con agua muy caliente y dejarla así hasta que vaya a poner el ragú con la pasta. Lo menos trabajoso es cocinar con una bonita cazuela que pueda utilizarse también para servir.

Espirales con salsa de jamón

Sin una gran preparación, una comida con la que quedar satisfecho

100 g de jamón dulce sin grasa
4 escalonias
1 diente de ajo
2 cucharadas de mantequilla
⅛ l de caldo de carne caliente
2 dl de crema de leche espesa
4 l de agua
2 cucharaditas de sal
400 g de espirales
1 yema
1 manojo de cebollino

Económica • Fácil

Por persona, unos 2 810 kJ/ 670 kcal · 20 g de proteínas 32 g de grasas · 75 g de hidratos de carbono

Tiempo de preparación: 30 min

Corte el jamón en tiras muy finas. Pele las escalonias y el diente de ajo y píquelos muy finamente. • Derrita la mantequilla. Fría en ella las escalonias y el ajo hasta que estén transparentes, añada luego el jamón. Incorpore el caldo de carne y deje que dé un hervor. Agregue removiendo la crema de leche y deje que se reduzca un poco en el recipiente destapado, mientras que cuece la pasta. • Ponga a hervir el agua con la sal. Hierva ahí la pasta sin que se ablande demasiado. • Bata la yema con 2 cucharadas de salsa caliente y ligue con ello la salsa de crema, procurando que no vuelva a hervir. Lave el cebollino, séquelo y píquelo. • Deje escurrir la pasta en un colador, mézclela con la salsa crema en una fuente precalentada y esparza por encima el cebollino. • Esta receta se acompaña muy bien con una sabrosa ensalada de tomate aliñada y aderezada con Mozzarella, aros de cebolla y albahaca fresca.

Espaguetis con anchoas

En este plato habrá que renunciar, excepcionalmente, al queso rallado

5 filetes de anchoa
300 g de tomates carnosos maduros
½ manojo de perejil
50 g de aceitunas negras
2-3 dientes de ajo
1 cucharada de alcaparras
4-5 cucharadas de aceite de oliva
1 pizca de sal
½ cucharadita de hojitas de orégano frescas o 1 pizca de orégano seco
1 trocito de guindilla o pimienta de Cayena
400 g de espaguetis
4 l de agua
2 cucharaditas de sal

Especialidad italiana

Por persona, unos 2 180 kJ/ 520 kcal · 17 g de proteínas 18 g de grasas · 78 g de hidratos de carbono

Tiempo de preparación: 1 hora

Si es necesario, ponga a remojar los filetes de anchoa para desalarlos, séquelos luego y píquelos. Haga un corte en forma de cruz en la base curva de los tomates, escáldelos brevemente en agua hirviendo y pélelos procurando quitarles la parte dura del rabillo. Trocee los tomates. Lave el perejil, escúrralo y píquelo con las aceitunas deshuesadas, los dientes de ajo pelados y las alcaparras escurridas. • Caliente el aceite. Sofría removiendo, durante 5 minutos las anchoas, el perejil, las aceitunas, el ajo y las alcaparras y añada luego el tomate. Condimente con la sal, el orégano, la guindilla o la pimienta de Cayena. Deje que la salsa se reduzca durante 30 minutos a fuego moderado. • Hierva la pasta 8 minutos hasta que esté «al dente». • Mezcle los espaguetis escurridos con la salsa.

Pasta integral con verduras y carne

Con o sin carne, la verdura constituye la base de estos sustanciosos ragús

Pasta integral con ragú de ternera
A la izquierda de la foto

| 500 g de espalda de ternera |
| 2 cucharadas de salsa de soja |
| 2 pizcas de pimienta blanca |
| 1 cebolla · 1 hoja de laurel |
| 500 g de calabacín y tomate |
| 1 cucharada de manteca |
| 300 g de pasta verde integral |
| 3 l de agua · 1 ½ cucharaditas de sal · 2 clavos |
| 1 cucharada de harina de trigo integral · 1 dl de crema de leche |
| ½ cucharadita de romero, mejorana y albahaca |
| 2 cucharaditas de toronjil o perejil recién picado |

Receta integral

Por persona, unos 2 430 kJ/ 580 kcal · 42 g de proteínas 16 g de grasas · 65 g de hidratos de carbono

Tiempo de adobo: 1 hora
Tiempo de preparación: 1¼ hora

Corte la carne en trozos de 2 cm, mézclela con la salsa de soja y 1 pizca de pimienta y déjela adobar durante 1 hora. • Clave en la cebolla la hoja de laurel y los clavos. Limpie los calabacines, lávelos y córtelos en trozos grandes. Pele los tomates y cuartéelos, procurando quitarles la parte dura del rabillo. • Dore la carne en la manteca unos 5 minutos. Añada las verduras y el resto de la pimienta y deje cocer 1 hora. • Hierva la pasta unos 10 minutos en el agua salada. • Mezcle la harina con la crema. Ligue con ello la salsa y déjela cocer unos 2 minutos más. Retire la cebolla e incorpore las hierbas. • Deje escurrir la pasta en un colador y mójela con un poco de agua fría. Distribuya el ragú sobre la pasta.

Pasta con col china
A la derecha de la foto

| 150 g de harina de trigo integral |
| 100 g de harina de alforfón |
| ½ cucharadita de sal gruesa |
| 3 cucharadas de aceite de girasol |
| ¼ l de agua tibia |
| 50 g de semillas de girasol |
| 3 manzanas ácidas |
| 500 g de col china |
| 2 ½ l de agua · 1 cucharadita de sal · 30 g de mantequilla |
| ½ dl de crema de leche |
| 1 petit suisse natural |
| 1 cucharadita de sal de hierbas y pimentón dulce |
| 2 cucharadas de perejil recién picado · 1 cucharadita de miel |

Receta integral

Por persona, unos 2 680 kJ/ 640 kcal · 14 g de proteínas 35 g de grasas · 66 g de hidratos de carbono

Tiempo de preparación: 1 hora

Para la pasta, amase toda la harina con la sal, el aceite y el agua. Caliente un cuenco y colóquelo volteado sobre la pasta. • Tueste las semillas de girasol removiéndolas en una sartén seca. • Lave las manzanas, pélelas, cuartéelas, despepítelas, trocéelas y póngalas con 1 taza de agua en una cazuela. Prepare la col china, lávela, córtela en tiras finas, incorpore a las manzanas y deje cocer de 15 a 20 min. • Divida la pasta en 4 trozos, extiéndalos hasta que tengan el grosor del canto de un cuchillo y córtelos en tiras de 1 cm de ancho. Deje secar la pasta 5 min, échela luego en el agua salada hirviendo; la pasta está cocida cuando flota en la superficie del agua. Deje escurrir la pasta y mézclela con la mantequilla y las semillas de girasol. • Mezcle la crema con el petit suisse y las especias, la miel y el perejil; agregue a las verduras.

Pasta con salsas a base de tocino

Los sabrosos tomates de huerta y las aromáticas hierbas coronan el sabor de las salsas

Mariposas con salsa Sovrito

A la izquierda de la foto

1 loncha fina de tocino gordo
50 g de grasa de jamón
3 escalonias
1 pimiento verde pequeño
1 tomate carnoso
1 diente de ajo
½ taza de caldo de carne
400 g de mariposas (farfalle)
4 l de agua
2 cucharaditas de sal
8 aceitunas negras
1 pizca de pimienta de Cayena
1 pizca de tomillo seco

Rápida • Económica

Por persona, unos 2 180 kJ/ 520 kcal · 16 g de proteínas 17 g de grasas · 75 g de hidratos de carbono

Tiempo de preparación: 45 min

Corte en tiras finas el tocino y la grasa de jamón y fríalos hasta que suelten la grasa. • Pele la escalonias, píquelas y sofríalas en la grasa hasta que estén transparentes. • Corte por la mitad el pimiento, límpielo, lávelo y córtelo en dados pequeños. Haga un corte en forma de cruz en la base curva del tomate, sumérjalo en agua hirviendo, pélelo procurando quitarle la parte dura del rabillo y trocéelo. Pele el diente de ajo, píquelo y, junto con los trozos de pimiento y tomate, incorpórelo a la mezcla de cebolla y tocino. Vierta por encima el caldo de carne y rehogue las verduras de 10 a 15 min. • Hierva la pasta en el agua salada unos 8 minutos, sin que quede demasiado blanda. • Corte las aceitunas por la mitad, deshuéselas, mézclelas en la salsa de verduras y condimente con un poco de sal, la pimienta de Cayena y el tomillo. • Sirva la pasta con la salsa en una fuente precalentada.

Tallarines con salsa de tomate y tocino

A la derecha de la foto

3 escalonias
50 g de tocino ahumado
250 g de tomates
4 cucharadas de aceite de oliva
1 pizca de sal y pimienta negra recién molida
4 l de agua
2 cucharaditas de sal
400 g de tallarines (tagliatelle)
1 manojo de albahaca

Rápida • Económica

Por persona, unos 2 180 kJ/ 520 kcal · 15 g de proteínas 19 g de grasas · 75 g de hidratos de carbono

Tiempo de preparación: 40 min

Pele las escalonias y píquelas. Corte el tocino en trocitos muy pequeños. Haga un corte en forma de cruz en la base curva de los tomates, sumérjalos brevemente en agua hirviendo, pélelos procurando quitarles la parte dura del rabillo y córtelos en trozos. • Caliente en una cazuela 3 cucharadas de aceite. Fría las escalonias hasta que estén transparentes. Añada el tocino y sofríalo. Incorpore los tomates. Condimente con la sal y la pimienta y deje reducir la salsa durante 15 minutos a fuego lento. • Ponga a hervir el agua. Añada la sal, el aceite de oliva restante y los tallarines. Hierva la pasta «al dente» en agua salada unos 8 minutos y déjela escurrir en un colador. • Lave la albahaca, desprenda las hojitas de los tallos, píquelas y agréguelas a la salsa. Reserve algunas hojas pequeñas. • Ponga los tallarines en una fuente precalentada. Viértales la salsa por encima. Sirva la pasta aderezada con las hojitas de albahaca.

Espaguetis con salsa boloñesa

La preparación del «Ragù alla bolognese» tiene diversas variantes, he aquí una versión elaborada

Ingredientes
100 g de grasa de jamón
2 cebollas · 1 zanahoria
3 tallos de apio
1 manojo de perejil
3 cucharadas de aceite de oliva
300 g de carne de buey picada
100 g de carne de cerdo picada, sin grasa
2 cucharadas de tomate concentrado
¼ l de caldo de carne caliente
⅛ l de vino blanco seco
1 hoja de laurel
½ cucharadita de sal
1 pizca de pimienta negra
1 pizca de azúcar
4 l de agua · 2 cucharaditas de sal · 400 g de espaguetis
100 g de higadillos de pollo
2 cucharaditas de mantequilla

**Especialidad italiana •
Receta clásica**

Por persona, unos 3 900 kJ/ 930 kcal · 44 g de proteínas 45 g de grasas · 82 g de hidratos de carbono

Tiempo de preparación: 10 min

Corte la grasa en tiras finas. Pele las cebollas y córtelas finamente. Ralle las zanahorias, lávelas y córtelas igualmente en trozos pequeños. Prepare los tallos de apio, lávelos y córtelos en rodajitas finas. Lave el perejil, escúrralo y píquelo. • Caliente 2 cucharadas de aceite en una sartén grande. Sofría la carne picada removiéndola. Añada el tocino y la cebolla y siga friendo otros 3 minutos. • Incorpore la zanahoria, las rodajitas de apio, el perejil, el tomate concentrado, el caldo, el vino, la hoja de laurel, la sal, la pimienta y el azúcar. Dé un hervor a la salsa y déjela cocer 30 minutos a fuego lento. • Ponga a hervir el agua. Añada la sal, el resto del aceite y los espaguetis. Hierva la pasta unos 8 minutos hasta que esté «al dente». • Sofría los higadillos en 1 cucharadita de mantequilla, píquelos por último y mézclelos con la salsa. Deje escurrir los espaguetis en un colador, mézclelos con el resto de la mantequilla y sírvalos con la salsa.

Pasta con «pesto»

Utilice aceite de oliva virgen para preparar la salsa a base de albahaca

| 2 manojos de albahaca |
| 2-3 dientes de ajo |
| 1 cucharada de piñones |
| 1 pizca de sal |
| 100 g de queso parmesano recién rallado |
| ¼ l de aceite de oliva virgen |
| 4 l de agua |
| 2 cucharaditas de sal |
| 400 g de pasta (espaguetis, macarrones largos o tallarines) |

**Receta clásica •
Especialidad italiana**

Por persona, unos 3 400 kJ/ 810 kcal · 23 g de proteínas 47 g de grasas · 74 g de hidratos de carbono

Tiempo de preparación: 30 min

Lave la albahaca y desprenda las hojas de los tallos. Pele los dientes de ajo, píquelos groseramente y, junto con la albahaca, los piñones y la sal, macháquelos en el mortero hasta obtener una pasta. Mezcle con ésta el parmesano. Incorpore el aceite a la pasta, echándolo primero gota a gota y después en forma de chorrito. • Ponga a hervir el agua. Añada la sal y la pasta. Hierva la pasta hasta que esté «al dente», lávela luego con agua caliente en un colador, déjela escurrir y mézclela con la mantequilla. • Sirva la pasta acompañada por el *pesto*.

Nuestra sugerencia: El *pesto* puede prepararse en gran cantidad para tenerlo de reserva. Con un poco de aceite de oliva, puede mantenerse por lo menos durante 1 semana en un frasco de vidrio cerrado y guardado en lugar frío. El sabor del *pesto* se varía sustituyendo la mitad de la albahaca por perejil y utilizando, en lugar de los piñones, nueces o almendras peladas y molidas.

Pasta con salsa de tomate

La clásica salsa de tomate se prepara a la italiana de la siguiente manera

| 1 kg de tomates carnosos maduros |
| 2 cebollas medianas |
| 2 cucharadas de aceite de oliva |
| 1 manojo de albahaca |
| 2 cucharadas de tomate concentrado |
| 1 cucharadita de azúcar |
| ½ cucharadita de sal |
| 1 pizca de pimienta negra recién molida |
| 2 l de agua |
| 2 cucharaditas de sal |
| 400 g de pasta (espaguetis, macarrones o tallarines) |
| 1 cucharadita de mantequilla |
| 100 g de queso parmesano recién rallado o raspado en virutas finas |

Especialidad italiana

Por persona, unos 2 520 kJ/ 600 kcal · 26 g de proteínas 15 g de grasas · 87 g de hidratos de carbono

Tiempo de preparación: 50 min

Lave los tomates, quíteles la parte dura del rabillo y córtelos en trozos pequeños. Pele las cebollas, píquelas y fríalas en el aceite hasta que estén transparentes. Añada los tomates y rehóguelo tapado 10 minutos. • Lave la albahaca y desprenda las hojitas de los tallos. Reserve algunas para adornar, pique el resto y agréguelo a los tomates con el tomate concentrado, el azúcar, la sal y la pimienta. • Prosiga la cocción lentamente con el recipiente entreabierto 30 minutos, procurando remover la salsa de vez en cuando. • Ponga a hervir el agua. Añada la sal y la pasta. Hierva la pasta «al dente», déjela escurrir en un colador y mézclela con la mantequilla. • Eche la salsa de tomate en una salsera pasándola por un tamiz, aderécela con las hojitas de albahaca y sírvala con la pasta. • Complete el plato con el queso parmesano.

Finas combinaciones con tallarines

Tagliatelle o —cuando son un poco más anchos— *fettuccine*, son los nombres que reciben los tallarines en Italia

«Fettuccine» con salsa de atún

A la izquierda de la foto

2 dientes de ajo
300 g de atún enlatado al natural
400 g de tomates
1 cucharada de aceite de oliva
1½ cucharaditas de sal
3 l de agua
1½ cucharadita de sal
1 cucharada de aceite
300 g de *fettuccine*
1 manojo de perejil
Unas hojitas de albahaca

Rápida • Económica

Por persona, unos 2 100 kJ/ 500 kcal · 26 g de proteínas 16 g de grasas · 60 g de hidratos de carbono

Tiempo de preparación: 30 min

Pele los ajos y píquelos finamente. • Deje escurrir el atún y trocéelo. • Haga un corte en forma de cruz en la base curva de los tomates, escáldelos en agua hirviendo, páselos por agua fría, pélelos y córtelos en trozos pequeños procurando quitarles la parte dura del rabillo. • Caliente el aceite y dore el ajo ligeramente. Añádale los trocitos de tomate y el atún, sazone y deje rehogar 20 minutos con el recipiente tapado y a fuego lento. • Ponga a hervir el agua con la sal y el aceite. Eche los tallarines en el agua hirviendo a borbotones, remuévalos a fondo una vez y deje que cuezan «al dente». • Lave el perejil, séquelo, córtele los tallos gruesos, pique las hojitas y mézclelas con la salsa de atún. • Deje escurrir los tallarines en un colador y échelos luego en una fuente precalentada, cúbralos con la salsa de atún; adorne con las hojitas de albahaca lavadas.

«Tagliatelle» a la Emilia-Romagna

A la derecha de la foto

50 g de tocino ahumado
3 l de agua
1½ cucharaditas de sal
1 cucharada de aceite
300 g de tallarines
1 cucharada de aceite
4 cucharadas de crema de leche
300 g de guisantes congelados

**Fácil •
Especialidad italiana**

Por persona, unos 1 890 kJ/ 450 kcal · 16 g de proteínas 16 g de grasas · 64 g de hidratos de carbono

Tiempo de preparación: 40 min

Corte el tocino en trozos muy pequeños, procurando quitarle la corteza y las membranas. • Ponga a hervir el agua. Eche en el agua hirviendo la sal, una cucharada de aceite y la pasta, remueva a fondo y hierva la pasta «al dente». • Eche agua muy caliente en una fuente de servicio o métala en el horno a 50 °C para precalentarla. • Caliente la otra cucharada de aceite en una sartén y dore el tocino hasta que esté crujiente y suelte la grasa. Agregue la crema al tocino y añada también los guisantes congelados, remueva y rehogue unos 5 minutos con el recipiente tapado y a fuego lento. • Ponga a escurrir la pasta en un colador y mézclela con los guisantes en la fuente precalentada.

Clásicos de la cocina italiana

Estas recetas ayudaron a los espaguetis a alcanzar su fama

Espaguetis a la carbonara

A la izquierda de la foto

| 3 l de agua |
| 1½ cucharaditas de sal |
| 1 cucharada de aceite |
| 400 g de espaguetis |
| 50 g de tocino ahumado |
| 50 g de queso pecorino (queso de oveja) |
| 2 dientes de ajo |
| 1 cucharada de aceite de oliva |
| 2 huevos · 4 cucharadas de crema de leche |
| ½ cucharadita de sal |
| 1 pizca de pimienta blanca |

Especialidad italiana • Económica

Por persona, unos 2 520 kJ/ 600 kcal · 20 g de proteínas 25 g de grasas · 74 g de hidratos de carbono

Tiempo de preparación: 30 min

Ponga a hervir el agua. Eche en el agua hirviendo la sal, el aceite y la pasta. Hierva los espaguetis «al dente». • Corte el tocino en trocitos. Ralle el queso. Pele los dientes de ajo y cuartéelos. • Caliente el aceite de oliva en una sartén grande. Dore los trozos de ajo removiendo frecuentemente y sáquelos luego. Dore los trozos de tocino en el aceite de oliva para que suelten la grasa y queden crujientes. • En un cuenco precalentado, bata ligeramente los huevos con la crema de leche, el queso, la sal y la pimienta. • Deje escurrir los espaguetis en un colador, échelos en la sartén con el tocino, vuélvalos a calentar bien removiéndolos sobre el fuego y mézclelos con la salsa de crema y huevo en la fuente de servicio.

Nuestra sugerencia: Este plato resulta todavía más refinado, cuando se añaden 2 yemas a la mezcla de queso y crema

Espaguetis a la napolitana

A la derecha de la foto

| 1 cebolla |
| 2 cucharadas de aceite de oliva |
| 1 ramita de perejil y albahaca, respectivamente |
| 400 g de tomates |
| 1 pizca de pimentón rosa en polvo |
| 2½ cucharaditas de sal |
| 1 pizca de azúcar |
| 3 l de agua |
| 1 cucharadita de aceite |
| 400 g de espaguetis |
| 50 g de queso parmesano |

Económica • Especialidad napolitana

Por persona, unos 2 180 kJ/ 520 kcal · 22 g de proteínas 13 g de grasas · 79 g de hidratos de carbono

Tiempo de preparación: 40 min

Pele la cebolla, píquela y dórela ligeramente en el aceite. • Lave las hierbas, séquelas y quíteles los tallos gruesos. Pique las hojas y añádalas a la cebolla. • Haga un corte en forma de cruz en la base curva de los tomates, escáldelos con agua hirviendo, pélelos y córtelos en trozos pequeños, procurando quitarles la parte dura del rabillo. Incorpore los tomates a la cebolla. Añada el pimentón, ½ cucharadita de sal y el azúcar. Tape la salsa y déjela cocer a fuego muy lento durante 10 minutos. • Hierva la pasta unos 8 minutos a borbotones, hasta que esté «al dente», con el resto de la sal y el aceite. • Ralle el parmesano. Escurra los espaguetis y mézclelos con la salsa de tomate en una fuente de servicio calentada. • Sírvalos acompañados por el queso parmesano.

«Stufatu»

Conviene preparar para muchos comensales este guiso de carne corso

Ingredientes para 6 personas:
300 g de cadera de buey
300 g de magro de cerdo
50 g de tocino ahumado
3 tomates carnosos grandes
1 cebolla grande
4 dientes de ajo
4 cucharadas de aceite de oliva
⅛ l de vino blanco seco
1 cucharadita de sal
2 pizcas de pimienta blanca
3 l de agua
1½ cucharaditas de sal
500 g de macarrones
50 g de queso Gruyère recién rallado
2 cucharadas de perejil picado

Elaborada

Por persona, unos 2 680 kJ/ 640 kcal · 31 g de proteínas 31 g de grasas · 50 g de hidratos de carbono

Tiempo de preparación: 2½ horas

Corte la carne en dados pequeños, procurando quitarle la grasa y los tendones. Corte el tocino en tiras. Pele y pique los tomates. • Pele la cebolla y los dientes de ajo, píquelos y fríalos en el aceite hasta que estén transparentes. Añada la carne y sofríala removiendo. Échele el tomate troceado y el tocino, fríalo todo brevemente e incorpore el vino. Salpimente la carne. Añada agua hasta que la carne esté apenas cubierta de líquido. Deje estofar la carne tapada durante 2 horas. • Ponga a hervir el agua con la sal. Hierva los macarrones unos 10 minutos hasta que estén «al dente». • Precaliente el horno a 200 °C. • Deje escurrir los macarrones en un colador. Eche la carne en una fuente grande refractaria, cúbrala con los macarrones y esparza el queso por encima. • Gratine hasta que el queso haya adquirido un color amarillo dorado. • Sirva la preparación espolvoreada con el perejil.

Tallarines con solomillo de cerdo

Esta receta procede de un cocinero de Kenia

500 g de solomillo de cerdo
1 cebolla grande
2 cucharadas de aceite de palma o semillas
3 tomates carnosos grandes
2 dientes de ajo
1 chile
1 pizca de sal y de pimienta negra
2 cucharaditas de zumo de limón
2 cucharaditas de miel
1 cucharada de salsa Worcester
¼ l de caldo de verduras caliente
300 g de tallarines
3 l de agua
1½ cucharaditas de sal
100 g de queso Chester (o Gruyère) recién rallado

Fácil • Especialidad africana

Por persona, unos 2 810 kJ/ 670 kcal · 45 g de proteínas 26 g de grasas · 66 g de hidratos de carbono

Tiempo de preparación: 1 hora

Lave la carne, séquela y córtela en trozos de aproximadamente 2 cm. • Pele la cebolla, trocéela y sofríala en el aceite con la carne. • Pele los tomates, trocéelos, quíteles la parte dura del rabillo e incorpórelos a la carne. Pele los dientes de ajo y añádalos pasados por el prensa ajos. Corte por la mitad el chile, lávelo, píquelo finamente y añádalo también a la carne. Incorpore la sal, la pimienta, el zumo de limón, la miel, la salsa Worcester y el caldo de verduras y deje rehogar durante 30 minutos con el recipiente tapado y a fuego moderado. • Ponga a hervir el agua con la sal. Hierva la pasta unos 8 minutos hasta que esté «al dente», déjela escurrir luego en un colador y mézclela con la salsa. • Antes de servir, espolvoree el plato con el queso.

Espaguetis integrales con boloñesa tofu

También en el caso de la cocina integral, muchas sugerencias vienen de Italia

250 g de tofu (queso de soja)
1 cucharada de salsa de soja
1 pizca de orégano, albahaca y pimienta negra secos
1 pimiento verde pequeño
500 g de tomates maduros
½ manojo de hortalizas para el caldo · 2 cebollas
3 dientes de ajo
6 cucharadas de aceite de oliva
1 dl de crema de leche
4 l de agua
2 cucharaditas de sal
400 g de espaguetis integrales
10 aceitunas negras
2 cucharadas de aritos de cebollino
½ cucharadita de pimentón rosa en polvo
1 pizca de pimienta de Cayena

Receta integral • Económica

Por persona, unos 2 890 kJ/ 690 kcal · 22 g de proteínas 31 g de grasas · 80 g de hidratos de carbono

Tiempo de preparación: 35 min

Aplaste el tofu con un tenedor y mézclelo con la salsa de ajo, el orégano, la albahaca y la pimienta. Cuartee el pimiento, prepárelo, lávelo y, junto con los tomates, escáldelo brevemente en agua hirviendo. Corte el pimiento en tiras finas. Pele los tomates y trocéelos. Prepare las hortalizas para el caldo, límpielas y córtelas finamente. • Pele las cebollas y los ajos, píquelos y fríalos en el aceite hasta que estén transparentes. • Sofría ahí el tofu 2 minutos. Añada las hortalizas preparadas y fríalas 1 minuto. Vierta la crema de leche y deje proseguir la cocción con el recipiente tapado unos 10 minutos. • Ponga a hervir el agua con la sal. Hierva los espaguetis unos 8 minutos en el agua, déjelos escurrir luego en un colador, viértales un poco de agua fría y échelos en una fuente precalentada. • Deshuese las aceitunas, píquelas e incorpórelas a la salsa junto con el cebollino, el pimentón y la pimienta de Cayena. Distribuya la salsa sobre la pasta.

Espaguetis con riñones de ternera

Quien guste de los productos de casquería, debería probar esta delicia

400 g de riñones de ternera
1 lata pequeña de tomates pelados (400 g)
1 manojo de perejil
1 cebolla
3 cucharadas de aceite
1 pizca de sal y de pimienta blanca recién molida
1 cucharadita de harina
1 cucharada de mantequilla
3 cucharadas de vino de Marsala seco o de Jerez
4 l de agua
2 cucharaditas de sal
400 g de espaguetis

Fácil

Por persona, unos 2 600 kJ/ 620 kcal · 32 g de proteínas 19 g de grasas · 81 g de hidratos de carbono

Tiempo de preparación: 1 hora

Corte los riñones por la mitad horizontalmente, quíteles cuidadosamente las membranas y los conductos y déjelos 30 minutos en remojo. Cambie el agua fría varias veces durante ese tiempo. • Deje escurrir los tomates y píquelos. Lave el perejil, séquelo y píquelo. • Pele la cebolla, córtela en anillos finos y fría éstos en el aceite hasta que estén transparentes. Añada los tomates y condimente con la sal y la pimienta. Deje cocer la salsa sin tapar a fuego moderado para evaporar parte del líquido. • Escurra los riñones, córtelos en rodajas y espolvoree éstas con la harina. • Caliente la mantequilla en una sartén, fría ligeramente los riñones y mójelos luego con el Marsala. Tan pronto como se haya evaporado el vino, mezcle los riñones y el perejil en la salsa de tomate y rectifique la condimentación. • Ponga a hervir el agua. Sale y hierva los espaguetis unos 8 minutos hasta que estén «al dente», déjelos escurrir luego en un colador y sírvalos en seguida con los riñones.

Pasta con ragú de cordero

En Grecia son muy aficionados a acompañar ragús de cordero con pasta

750 g de espaldilla de cordero
2 dientes de ajo
1 ramita de romero
3 cucharadas de aceite
1 cucharada de mantequilla
1 cucharada de tomate concentrado
½ taza de caldo de carne
1 pizca de sal y pimienta blanca recién molida
3 l de agua
1½ cucharaditas de sal
300 g de tallarines verdes

Fácil • Especialidad griega

Por persona, unos 3 400 kJ/ 810 kcal · 44 g de proteínas 45 g de grasas · 55 g de hidratos de carbono

Tiempo de preparación: 1 hora

Lave la carne, séquela y córtela en dados grandes, procurando quitarle todos los huesos. Pele los dientes de ajo. Lave el romero, séquelo y desprenda las hojas del tallo. Pique el ajo y las hojas de romero. • Caliente el aceite. Sofría los trozos de carne uniformemente a fuego moderado. Retire toda la grasa que haya soltado la carne. Agregue al recipiente la mantequilla, el ajo y el romero. Mezcle el tomate concentrado con el caldo e incorpórelo. Condimente la carne con la sal y la pimienta. Cueza el ragú unos 30 minutos con el recipiente tapado. • Ponga a hervir el agua. Añada la sal y la pasta. Hierva la pasta unos 8 minutos hasta que esté «al dente», échela luego en un colador, déjela escurrir y sírvala con el ragú en una fuente precalentada. • Con este plato va bien una ensalada de tomate.

Ragú de conejo y de ternera con pasta

Las salsas delicadas son también muy importantes en el caso de los platos de carne con pasta

Espirales con ragú de conejo

A la izquierda de la foto

4 hojitas de salvia
1 ramita de romero
2 dientes de ajo · 3-4 tomates
1 conejo de 1,4 kg, aproximadamente, listo para cocinar
2 cucharadas de aceite
1 cucharada de mantequilla
1 hoja de laurel · 1 pizca de sal
1 pizca de nuez moscada
⅛ l de vino blanco seco
20 g de piñones
300 g de espirales
3 l de agua
1½ cucharaditas de sal

Fácil

Por persona, unos 1 680 kJ/ 400 kcal · 10 g de proteínas 12 g de grasas · 56 g de hidratos de carbono

Tiempo de preparación: 1 hora

Lave y seque la salvia y el romero. Pele el ajo. Pele los tomates y píquelos groseramente. Corte el conejo en 8 ó 10 trozos, lávelo, quítele cuidadosamente todas las esquirlas de los huesos, y séquelo. • Caliente el aceite y la mantequilla en una cazuela amplia, remueva las hierbas, la hoja de laurel y el ajo en el aceite y sofría luego los trozos de carne uniformemente, condiméntelos luego con la sal y la nuez moscada. Vierta el vino, deje que se evapore hasta la mitad en el recipiente destapado, volteando a menudo la carne. Añada los tomates y los piñones. Deje cocer los trozos de conejo durante 20 min en la cacerola destapada. • Hierva la pasta «al dente» unos 8 min y déjala escurrir luego en un colador. • Antes de servir el ragú de conejo, retire el romero, la salvia y el ajo. • Con este plato va bien una ensalada verde.

Tallarines con ragú de ternera

A la derecha de la foto

1 lata pequeña de tomates pelados (400 g)
2 dientes de ajo
1 ramita de romero
500 g de espalda de ternera
50 g de tocino ahumado
2 cucharadas de mantequilla
⅛ l de vino blanco seco
1 pizca de sal y de pimienta blanca recién molida
100 g de champiñones
300 g de tallarines finos (linguine o *tagliatelle*)
3 l de agua
1½ cucharaditas de sal

Especialidad italiana

Por persona, unos 2 520 kJ/ 600 kcal · 39 g de proteínas 19 g de grasas · 60 g de hidratos de carbono

Tiempo de preparación: 1½ hora

Ponga a escurrir los tomates reservando su líquido. Pele los dientes de ajo y píquelos con las hojitas de romero. Lave la carne, séquela, y méchela con la mezcla de ajo y romero. • Trocee el tocino y fríalo en 1½ cucharadas de mantequilla hasta que suelte la grasa. Sofría también la carne. Añada el vino y deje que se evapore a la mitad, dando la vuelta a la carne de vez en cuando. Agregue los tomates y aplástelos. Condimente con la sal y la pimienta y prosiga la cocción 1 hora, si fuese necesario, añada un poco del líquido de los tomates. • Prepare los champiñones, séquelos, córtelos en rodajitas finas y fríalos en el resto de la mantequilla hasta que se haya evaporado el líquido. • Cueza la pasta «al dente». • Corte la carne en trozos y agréguelos a la salsa con los champiñones. Condimente al gusto el ragú y sírvalo con la pasta.

Ragú de cordero y manzana con pasta

Si le gustan los ragús muy picantes, condiméntelo un poco más

700 g de pierna de cordero deshuesada · 2 cebollas grandes
3-4 dientes de ajo
5 cucharadas de aceite de oliva
1 pizca de sal y de pimienta negra
1 cucharadita de curry en polvo
½ l de caldo de carne caliente (instantáneo) · 1 hoja de laurel
500 g de manzanas ácidas (Boskop)
3 l de agua
1½ cucharaditas de sal
300 g de pasta (trencitas, macarrones cortos o espirales)
1-2 cucharaditas de maicena
3 cucharadas de perejil recién picado

Elaborada

Por persona, unos 3 690 kJ/ 880 kcal · 43 g de proteínas 44 g de grasas · 80 g de hidratos de carbono

Tiempo de preparación: 2½ horas

Corte la carne en dados. Pele y trocee la cebolla. Pele y pique el ajo. • Caliente 4 cucharadas de aceite de oliva en una cazuela y sofría bien la carne. Añada la cebolla y el ajo y fríalos unos instantes con la carne. Condimente la carne con la sal, la pimienta y el curry e incorpore el caldo. Añada la hoja de laurel. Tape la carne y déjela cocer durante 1½ horas a fuego lento. • Cuartee las manzanas, pélelas y quíteles el corazón, córtelas en dados e incorpórelas a la carne 20 minutos antes de finalizar el tiempo de cocción. • Ponga a hervir el agua. Añada la sal y el resto del aceite. Hierva la pasta «al dente». • Mezcle la maicena con un poco de agua fría y ligue con ello el ragú. Esparza el perejil por encima. • Sirva éste con la pasta bien escurrida.

Tallarines verdes con gambas

Un plato especial poco trabajoso

300 g de gambas
1 cucharada de zumo de limón
1 cebolla pequeña
2 dientes de ajo
2 cucharadas de mantequilla
3,5 dl de crema de leche espesa
1 petit suisse grande al natural
200 g de queso parmesano recién rallado
4 l de agua
2 cucharaditas de sal
1 cucharada de aceite
400 g de tallarines verdes
1 pizca de sal y pimienta blanca recién molida
1 cucharadita de estragón seco

Fácil • Rápida

Por persona, unos 3 990 kJ/ 950 kcal · 38 g de proteínas 54 g de grasas · 78 g de hidratos de carbono

Tiempo de preparación: 30 min

Lave las gambas en un colador bajo el agua corriente fría, déjelas escurrir y rocíelas con el zumo de limón. Pele y pique la cebolla. Pele los dientes de ajo y páselos por el prensa ajos. • Caliente la mantequilla en una sartén grande y sofría las gambas brevemente. Añada la cebolla y el ajo y sofríalos igualmente con las gambas. Vierta sobre las gambas la crema de leche y el petit suisse mezclados, lleve a ebullición. Espolvoree con 100 g de parmesano. Deje cocer las gambas 5 minutos a fuego lento. • Ponga el agua a hervir. Añada la sal, el aceite y la pasta. Hierva la pasta «al dente», échela luego en un colador y déjela escurrir bien. • Condimente generosamente la salsa de gambas y crema con la sal, la pimienta y el estragón y, junto con el resto del parmesano rallado, sírvala con la pasta.

Espaguetis o «tortellini»

En la página 10 se describe con detalle cómo se preparan los *tortellini* rellenos de carne

Espaguetis con pechuga de pollo
A la izquierda de la foto

| 2 cebollas |
| 500 g de pechugas de pollo |
| 200 g de granos de maíz enlatados |
| 1 cucharada de aceite de germen de maíz |
| ¼ l de caldo de ave (instantáneo) |
| 1 pizca de sal y pimentón picante |
| 4 l de agua |
| 2 cucharaditas de sal |
| 1 cucharada de aceite |
| 400 g de espaguetis |
| 3 cucharadas de aritos de cebollino |

Fácil • Económica

Por persona, unos 2 520 kJ/ 600 kcal · 44 g de proteínas 8 g de grasas · 87 g de hidratos de carbono

Tiempo de preparación: 40 min

Pele y trocee las cebollas. Lave la carne, séquela, pélela, deshuésela y córtela en daditos del mismo tamaño. Ponga a escurrir el maíz. • Caliente el aceite y dore en él la cebolla ligeramente. Añada el pollo y dórelo también ligeramente. Agregue el maíz, incorpore el caldo con la sal y el pimentón y deje rehogar con el recipiente tapado 15 minutos a fuego lento. • Lleve a ebullición el agua con la sal y el aceite. Hierva los espaguetis unos 8 minutos hasta que estén «al dente». • Ponga la pasta bien escurrida en una fuente de servicio precalentada. Eche sobre los espaguetis el ragú de ave, mézclelo todo y sirva el plato espolvoreado con el cebollino.

<u>Nuestra sugerencia</u>: El ragú queda más espeso y más sustancioso, si al final se mezcla con 3 cucharadas de crema de leche.

«Tortellini» con salsa de queso y perifollo
A la derecha de la foto

| 4 l de agua |
| 2 cucharaditas de sal |
| 1 cucharada de aceite |
| 500 g de *tortellini* frescos rellenos de carne · 1 cebolla |
| 2 cucharadas de mantequilla |
| 1 cucharada colmada de harina |
| ⅛ l de caldo de carne caliente |
| ⅛ l de vino blanco seco |
| ¼ l de crema de leche espesa |
| 1 pizca de sal y pimienta blanca recién molida |
| 1 pizca de nuez moscada recién rallada |
| 200 g de queso fundido doble crema |
| 100 g de perifollo · 1 yema |

Rápida • Fácil

Por persona, unos 2 390 kJ/ 570 kcal · 15 g de proteínas 15 g de grasas · 41 g de hidratos de carbono

Tiempo de preparación: 30 min

Ponga a hervir el agua. Añada la sal y el aceite. Hierva los *tortellini* unos 10 minutos. • Pele y pique la cebolla. • Caliente la mantequilla y sofría la cebolla. Espolvoréela con la harina por encima y dórela, luego vierta poco a poco el caldo. Ponga a hervir la salsa removiéndola constantemente. • Añada el vino y la crema de leche y deje que dé un hervor. Condimente la salsa con la sal, la pimienta y la nuez moscada. Corte el queso en trocitos y deje que se derritan en la salsa a fuego lento. Lave el perifollo, quítele los tallos gruesos, píquelo groseramente y agréguelo a la salsa. • Mezcle la yema con 2 cucharadas de salsa. Ligue con ello la salsa de perifollo. • Escurra bien los *tortellini* y mézclelos con la salsa.

Pasta con finas y delicadas salsas de verduras

Estas desacostumbradas combinaciones de verduras garantizan salsas sorprendentes

Pasta con salsa de hinojo

A la izquierda de la foto

| 1 bulbo de hinojo |
| 2 tallos de apio |
| 1 pimiento verde |
| ¼ l de vino blanco seco y caldo de verduras (instantáneo) |
| 1 dl de crema de leche |
| 2 cucharaditas de arrurruz o maicena |
| 1 pizca de sal y pimienta blanca recién molida |
| 1 cucharadita de salsa de soja |
| 4 l de agua |
| 2 cucharaditas de sal |
| 400 g de pasta como ñoquis, coditos o *rigatoni* |
| 1 cucharadita de perejil recién picado |

Rápida • Fácil

Por persona, unos 2 890 kJ/ 690 kcal · 32 g de proteínas · 17 g de grasas · 91 g de hidratos de carbono

Tiempo de preparación: 30 min

Corte al hinojo la raíz y las hojas verdes estropeadas; guarde las hojitas verdes del hinojo. Tire de las hebras fuertes de las nervaduras exteriores, lave el bulbo y córtelo en rodajas y éstas a su vez en tiras. Prepare el apio, deje a un lado las hojas tiernas, lave los tallos, séquelos y córtelos en rodajas muy finas. Corte por la mitad el pimiento, quítele el rabillo, las semillas y las nervaduras blancas y trocéelo. • Ponga a hervir el vino con el caldo de verduras. Hierva 10 minutos las verduras preparadas. • Mezcle la crema de leche con el arrurruz o la maicena, la sal, la pimienta y la salsa de soja y ligue con ello la salsa. • Ponga a hervir el agua con la sal y cueza la pasta según las instrucciones del paquete, procurando que no quede demasiado blanda. • Lave las hojitas del hinojo y del apio, séquelas, píquelas y, junto con el perejil, espárzalas sobre la salsa. • Sirva la salsa con la pasta escurrida.

Macarrones con crema de alcachofas

A la derecha de la foto

| 4 l de agua |
| 2 cucharaditas de sal |
| 3 cucharadas de aceite |
| 400 g de macarrones |
| 200 g de corazones de alcachofa recién cocidos |
| 200 g de queso Mascarpone (queso crema fresco italiano) |
| 1-2 pizcas de pimienta blanca recién molida |

Coste medio • Rápida

Por persona, unos 2 390 kJ/ 570 kcal · 24 g de proteínas · 21 g de grasas · 75 g de hidratos de carbono

Tiempo de preparación: 20 min

Ponga a hervir el agua. Añada la sal y 1 cucharada de aceite de oliva. Hierva la pasta unos 8 minutos hasta que esté «al dente» en agua hirviendo a borbotones. • Pase los corazones de alcachofa por un tamiz. Ponga el queso Mascarpone al baño maría y remuévalo hasta que esté cremoso. Mézclelo lentamente con el resto del aceite de oliva. Condimente la crema al gusto con sal y pimienta e incorpórele el puré de alcachofas. Si es necesario agregue a la crema de queso un poco del agua de cocción de la pasta. • Deje escurrir bien la pasta en un colador y mézclela luego con la crema de queso en una fuente precalentada.

Pasta casera con ragú de pato

Una alternativa digna a los habituales asados festivos de pato

Ingredientes para 6 personas:
400 g de harina · 4 huevos
1 pizca de sal
1 cebolla · 1 zanahoria
1 tallo de apio
1 manojo de perejil
4 ramitas de albahaca
4 hojitas de salvia
75 g de jamón dulce
500 g de tomates maduros
1 pato pequeño, preparado
3 cucharadas de aceite de oliva
1 taza de vino tinto seco
1 hoja de laurel · 2 clavos
1 pizca de sal y pimienta negra recién molida · 4 l de agua
2 cucharaditas de sal
1 hígado de pato
o 50 g de higadillos de pollo
1 cucharadita de mantequilla

Elaborada

Por persona, unos 2 680 kJ/ 640 kcal · 22 g de proteínas 49 g de grasas · 58 g de hidratos de carbono

Tiempo de preparación: 1¾ horas

Prepare una pasta con la harina, los huevos y la sal tal como se describe en la página 8, y déjela reposar 1 hora. • Pele la cebolla, raspe la zanahoria y limpie el tallo de apio. Corte las verduras en aros o, en su caso, en rodajas. Pique las hierbas con el jamón. Pele los tomates y píquelos groseramente. • Corte el pato en 8 ó 10 trozos, lávelo y séquelo. • Sofría las verduras, las hierbas, el jamón y el pato en el aceite durante 10 minutos. Añada el vino y deje que se evapore. • Incorpore los tomates, la hoja de laurel, los clavos, la sal y la pimienta. Deje cocer el pato unos 50 minutos. • Extienda la pasta sobre la superficie de trabajo enharinada dándole forma de rectángulo, enróllelo holgadamente y corte éste en tiras de 1 cm de ancho. Hierva la pasta unos 4 minutos en agua hirviendo salada. • Trocee el hígado y sofríalo en la mantequilla, mézclelo luego bien con el ragú. • Sirva la pasta con el ragú de pato.

Pasta integral con sabrosas salsas

Las pastas alimenticias integrales tienen un sabor peculiar y fuerte y reclaman, por ello, condimentos refinados

Macarrones con salsa de soja

A la izquierda de la foto

4 l de agua
1 cucharada de aceite de oliva
400 g de macarrones integrales
170 g de brotes de soja enlatados
100 g de tofu blando
⅛ l de caldo de verduras caliente
4 cucharadas de salsa de soja
2 cucharadas de crema de leche espesa · 2 cucharaditas de sal
1 pizca de sal y pimienta blanca recién molida
1 cucharada de perejil recién picado

Rápida • Receta integral

Por persona, unos 2 010 kJ/ 480 kcal · 25 g de proteínas 11 g de grasas · 68 g de hidratos de carbono

Tiempo de preparación: 20 min

Ponga a hervir el agua con la sal y el aceite. Eche los macarrones en el agua hirviendo a borbotones, remuévalos bien y cuézalos «al dente» unos 10 minutos. • Deje escurrir los brotes de soja. Mezcle el caldo de verduras con la salsa de soja, el tofu, la crema, la sal y la pimienta y condimente generosamente la salsa. • Ponga a escurrir los macarrones en un colador, reservando parte del líquido de la cocción. • Mezcle los brotes de soja con la salsa y el agua de cocción necesaria para obtener una salsa cremosa. • Eche los macarrones en una fuente precalentada; viértales la salsa por encima y sírvalos aderezados con el perejil picado.

Nuestra sugerencia: Puede cultivar usted mismo los brotes de soja de una manera muy sencilla (véase página 135). Los brotes jóvenes se cuecen en 3 minutos en el caldo de verduras.

Espirales con salsa de sésamo

A la derecha de la foto

4 l de agua
2 cucharaditas de sal
1 cucharada de aceite
400 g de espirales integrales
3 dientes de ajo
2 cebollas grandes
4 cucharadas de aceite de nueces
¼ l de crema de leche agria
2 pizcas de sal de hierbas
2 cucharadas de albahaca recién picada
5 cucharadas de semillas de sésamo recién trituradas

Fácil • Receta integral

Por persona, unos 2 520 kJ/ 600 kcal · 21 g de proteínas 25 g de grasas · 74 g de hidratos de carbono

Tiempo de preparación: 30 min

Ponga a hervir el agua con la sal y el aceite. Eche la pasta en el agua hirviendo a borbotones, remuévala y cuézala unos 8 minutos hasta que esté «al dente». • Pele y pique los dientes de ajo y las cebollas. • Caliente el aceite en una sartén grande. Sofría los trocitos de ajo y cebolla sin dejar de remover, hasta que estén transparentes. Mezcle la crema de leche agria y la sal de hierbas con la preparación de ajo y cebolla y prosiga la cocción a fuego lento y sin dejar de remover. • Deje escurrir las espirales en un colador. • Mezcle la albahaca y el sésamo con la salsa. • Sirva la pasta bien escurrida en una fuente precalentada y aderécela con la salsa.

Guisos de verduras con pasta

La oferta estival de verduras nos proporciona innumerables posibilidades

Pasta con «ratatouille»

A la izquierda de la foto

1 berenjena (unos 250 g)
250 g de pimientos verdes
300 g de calabacines
4 cucharadas de aceite de oliva
1 cubito de caldo de verduras y pimentón dulce · 3 dientes de ajo
1 pizca de pimienta de Cayena
1 cucharadita de albahaca picada
250 g de espirales integrales
2 ½ l de agua · 1 cucharadita de sal · 1 cucharadita de hierbas provenzales · 2 cebollas grandes
2 cucharadas de aritos de cebollino · 500 g de tomates

Receta integral • Fácil

Por persona, unos 1 800 kJ/ 430 kcal · 15 g de proteínas 11 g de grasas · 63 g de hidratos de carbono

Tiempo de preparación: 45 min

Pele la berenjena, lávela y trocéela. Cuartee los pimientos, prepárelos, lávelos y córtelos en tiras finas a lo largo. Lave los calabacines y córtelos groseramente. • Pele las cebollas y los dientes de ajo, píquelos y fríalos en una sartén grande a fuego lento hasta que estén transparentes. Incorpore las verduras a la sartén, espolvoréelas con las especias y las hierbas (reserve la mitad de la albahaca) y deje rehogar 15 minutos. • Haga un corte en forma de cruz en la base curva de los tomates, escáldelos brevemente en agua hirviendo, pélelos, píquelos groseramente y cuézalos con las verduras otros 5 minutos. • Hierva la pasta en el agua salada unos 8 minutos o hasta que esté «al dente», déjela escurrir en un colador, póngala unos instantes bajo el agua fría e incorpórela a las verduras mezcladas, con el resto de la albahaca y el cebollino.

Pasta integral con salsa de verduras

A la derecha de la foto

250 g de pimientos verdes
2 cebollas · 3 dientes de ajo
6 cucharadas de aceite de oliva
500 g de calabacines y tomates
1 cubito de caldo de verduras
1 pizca de pimienta negra recién molida · 2½ l de agua
250 g de espirales integrales
1 cucharadita de sal
1 salchichón fresco
2 cucharaditas de pimentón dulce
2 pizcas de especias mezcladas
3 cucharadas de aritos de cebollino

Receta integral

Por persona, unos 3 100 kJ/ 740 kcal · 19 g de proteínas 47 g de grasas · 59 g de hidratos de carbono

Tiempo de preparación: 45 min

Cuartee los pimientos, prepárelos, lávelos y córtelos en tiras finas. Pele las cebollas y los dientes de ajo, píquelos y sofríalos con las tiras de pimiento en aceite a fuego lento. • Prepare los calabacines, lávelos, trocéelos e incorpórelos a los pimientos. • Lave los tomates y píquelos, procurando quitar la parte dura del rabillo. Agregue a las verduras los tomates con el cubito y la pimienta y prosiga la cocción durante 15 minutos a fuego lento. • Hierva la pasta en agua salada unos 8 minutos, hasta que esté «al dente», déjela escurrir en un colador y póngala unos instantes bajo el agua fría del grifo. • Corte el salchichón en rodajas de ½ cm de grosor y mézclelas con la salsa de verduras, el pimentón y la mezcla de hierbas. Prosiga la cocción otros 5 minutos a fuego lento. • Mezcle la pasta escurrida con la salsa y el cebollino.

«Túrós csusza»

Cuadrados de pasta caseros con requesón y tocino a la húngara, una especialidad para los aficionados a la pasta

250 g de requesón muy fresco (20 % de m. g.)
400 g de harina
4 huevos
2½ cucharaditas de sal
4 l de agua
1 cucharada de aceite
150 g de tocino ahumado
2 cucharadas de manteca
1 dl de crema de leche espesa
1 petit suisse grande al natural
1-2 pizcas de pimienta negra recién molida

Económica • Elaborada

Por persona, unos 3 940 kJ/ 940 kcal · 30 g de proteínas 56 g de grasas · 78 g de hidratos de carbono

Tiempo de preparación: 45 min
Tiempo de reposo: 1 hora

Deje escurrir bien el requesón en un colador. • Tamice la harina sobre la superficie de trabajo, haga un hueco en el centro. Añada los huevos cascados, ½ cucharadita de sal y, eventualmente, de 1 a 2 cucharadas de agua fría, amase hasta obtener una pasta firme y déjela reposar tapada durante 1 hora. • Extienda la pasta hasta que quede muy fina, córtela en tiras de 1 cm de ancho y éstas, en cuadrados. • Ponga a hervir el agua. Añada el aceite y el resto de la sal. Hierva los cuadrados de pasta unos 3 minutos en el agua salada hirviendo a borbotones, échelos luego en un colador, póngalos unos instantes bajo el agua caliente del grifo y déjelos escurrir. • Trocee el tocino y fríalo hasta que quede crujiente y suelte la grasa. • Derrita la manteca en una sartén y deje calentar en ella la pasta removiéndola. • Sirva los cuadrados de pasta en una bandeja precalentada. Tamice el requesón o desmenúcelo sobre la pasta. Entibie la crema y el petit suisse mezclados en un cacillo, sin dejar que se ponga demasiado caliente, y distribúyala sobre el requesón. Eche por encima los trozos y la grasa del tocino. • Condimente la pasta con la pimienta.

Suculentas recetas de pasta bien condimentadas

Una lechuga fresca hace de estas preparaciones una delicia completa

Pasta con ragú vienés de hígado

A la izquierda de la foto

400 g de hígado de ternera
1 cebolla grande · 2 zanahorias
2 cucharadas de aceite de semilla
⅛ l de caldo de carne caliente
1 cucharada de tomate concentrado · 3 l de agua
1 cucharadita de maicena
4 cucharadas de vino tinto
½ cucharadita de pimienta negra recién molida · 1 pizca de sal
1 pizca de mejorana seca
1½ cucharaditas de sal
300 g de pasta a elección (fusilli, coditos o espirales)

Especialidad austriaca

Por persona, unos 2 100 kJ/ 500 kcal · 29 g de proteínas 12 g de grasas · 67 g de hidratos de carbono

Tiempo de preparación: 30 min

Corte el hígado en tiras finas sirviéndose de un cuchillo afilado. Pele y pique la cebolla. Ralle las zanahorias, lávelas, séquelas y córtelas en tiritas finas (juliana). • Caliente el aceite y fría la cebolla hasta que esté transparente. Añada las tiras de hígado y deje que adquieran un color grisáceo removiéndolas. Vierta el caldo de carne, incorpore las tiras de zanahoria y deje cocer 5 minutos a fuego lento. • Mezcle el tomate concentrado con la maicena y el vino tinto. Ligue con ello el ragú y condiméntelo con la sal, la pimienta y la mejorana desmenuzada. • Mientras, ponga a hervir el agua con la sal y cueza la pasta «al dente». • Ponga la pasta en un colador unos instantes bajo el agua templada del grifo, déjela escurrir y repártala en platos precalentados. Distribuya sobre ella el ragú.

Pasta con jamón y alcaparras

A la derecha de la foto

200 g de jamón dulce sin grasa
20 g de mantequilla
1 cucharada de harina
3,5 dl de caldo de ave caliente
1 cucharada de zumo de limón
2 cucharadas de alcaparras pequeñas · 1 huevo duro
2 cucharadas de crema de leche espesa · ½ manojo de perejil
4 l de agua · 2 cucharaditas de sal · 1 cucharada de aceite
400 g de pasta a elección (fusilli, coditos o espirales)

Económica • Fácil

Por persona, unos 2 520 kJ/ 600 kcal · 25 g de proteínas 23 g de grasas · 72 g de hidratos de carbono

Tiempo de preparación: 30 min

Pique el jamón finamente. • Derrita la mantequilla en una cazuela, espolvoree la harina por encima y fríala hasta que se dore ligeramente, luego incorpore poco a poco el caldo de ave. Deje cocer la salsa a fuego lento unos minutos removiéndola de vez en cuando. • Pele el huevo y píquelo, incorpórelo a la salsa con el zumo de limón, las alcaparras escurridas y el jamón. Incorpore luego la crema de leche. • Lave el perejil con agua fría, séquelo agitándolo, píquelo y mézclelo con la salsa. • Ponga a hervir el agua, sale, añada el aceite y hierva la pasta «al dente». • Una vez cocida, deje escurrir la pasta en un colador y sírvala inmediatamente con la salsa de jamón.

Nuestra sugerencia: En vez del jamón, puede agregar a la salsa restos de pollo asado, pechuga de pavo o carne adobada.

«Spätzle» de queso a la manera de Allgäu

Con ensalada verde, una verdadera delicia

150 g de queso Emmenthal
2 cebollas grandes
375 g de harina
⅛ l de agua
2 huevos
2½ cucharaditas de sal
4 l de agua
4 cucharadas de mantequilla

Receta clásica

Por persona, unos 2 810 kJ/ 670 kcal · 25 g de proteínas 28 g de grasas · 75 g de hidratos de carbono

Tiempo de preparación: 45 min

Ralle el queso. Pele las cebollas y córtelas en aros finos. • Tamice la harina sobre un cuenco, añada el agua, los huevos y ½ cucharadita de sal y amáselo todo rápidamente hasta obtener una pasta blanda no demasiado fluida. Si fuese necesario, añada un poco más de agua o de harina. • Ponga a hervir el agua con el resto de la sal. Ponga la pasta de *spätzle* en porciones pequeñas sobre una tabla de madera humedecida, extiéndala un poco alisándola con la mano y échela en el agua hirviendo tras cortarla en tiras finas con ayuda de un cuchillo de hoja alargada. La pasta de *spätzle* también puede echarse en el agua haciéndola pasar a través de un tamiz o sirviéndose de un rallador especial para este tipo de pasta. Los *spätzle* están cocidos cuando flotan en la superficie del agua. • Sáquelos del agua con una espumadera, déjelos escurrir en un colador y manténgalos bien calientes. • Derrita la mantequilla en una sartén grande y dore en ella los aros de cebolla. • Sirva los *spätzle* en una fuente precalentada, mezcladas con el queso y cubiertos con los aros de cebolla.

Cuadrados de pasta con col

Una especialidad de la Baja Austria

250 g de harina
2 huevos
1 pizca de sal
1 cebolla
1 col pequeña (unos 500 g)
3 cucharadas de manteca
1 cucharada de azúcar
⅛ l escaso de caldo de verduras caliente
1 pizca de sal y pimienta negra recién molida
3 l de agua
1½ cucharaditas de sal
1 cucharada de aceite

Económica • Elaborada

Por persona, unos 1 590 kJ/ 380 kcal · 12 g de proteínas 12 g de grasas · 58 g de hidratos de carbono

Tiempo de preparación: 1¾ hora

Amase la harina con los huevos, la sal y, eventualmente, con un poco de agua, hasta obtener una pasta maleable. Déjala reposar 1 hora tapada con un recipiente volteado. • Entre tanto, pele la cebolla y córtela en aros finos. Corte las hojas externas estropeadas de la col. Cuartéela, lávela, quítele el tronco y corte las hojas en tiras finas. • Caliente la manteca y dore en ella los aros de cebolla; espolvoree por encima el azúcar y deje que se caramelice. Añada la col, fríala unos instantes con la cebolla, vierta el caldo, condimente con la sal y la pimienta y deje rehogar con el recipiente tapado 30 minutos. • Extienda muy finamente la pasta sobre la superficie de trabajo enharinada y córtela en cuadrados de 4 cm de lado. Deje secar los cuadrados unos minutos. • Ponga a hervir el agua y añada la sal y el aceite. Hierva los cuadrados de pasta unos 4 minutos, póngalos luego a escurrir en un colador, mézclelos con la col y deje reposar la preparación unos instantes.

«Spätzle» de centeno con salsa de tomate

Todos los platos a base de tomate saben mejor preparados con tomates estivales maduros y hierbas frescas

175 g de harina de trigo integral y de centeno · 5 huevos
½ cucharadita de comino molido
1 pizca de sal gruesa y pimienta negra · 1 diente de ajo
20 g de queso parmesano recién rallado · 1 cebolla grande
3 cucharadas de aceite de oliva
1 lata de tomate concentrado (70 g) · 3,5 dl de agua
1 cucharada de harina de trigo integral
1 cucharadita de hierbas secas
60 g de queso parmesano recién rallado · 5 cucharadas de crema de leche · 1 pizca de azúcar
1-2 pizcas de sal gruesa y pimienta negra
1½ cucharaditas de pimentón dulce · 1½ cucharaditas de sal
2 cucharadas de aritos de cebollino · 3 l de agua

Receta integral

Por persona, unos 2 600 kJ/ 620 kcal · 27 g de proteínas 26 g de grasas · 62 g de hidratos de carbono

Tiempo de preparación: 1¼ hora

Prepare una pasta blanda de *spätzle* con la harina, el comino, la sal, la pimienta, el parmesano, los huevos y unas 4 cucharadas de agua fría y déjala reposar 30 min. • Para la salsa, pele la cebolla y el diente de ajo, píquelos y fríalos hasta que estén transparentes. Mezcle el agua con el tomate concentrado, la harina y las hierbas, viértalo sobre la cebolla y deje cocer 5 min a fuego lento removiendo. • Retire el recipiente del fuego. Agréguele removiendo 20 g de parmesano y la crema. Condimente con las especias y mantenga caliente en una fuente grande precalentada. • Ralle los *spätzle* o ponga la pasta en una manga pastelera con boquilla y vaya echándolos en el agua hirviendo; deje hervir cada porción durante 1 min, sáquelas con la espumadera, déjelas escurrir y agréguelas a la salsa de tomate. • Esparza el parmesano restante y el cebollino.

Tallarines con verduras y pasta de hierbas

Gracias a las aromáticas hierbas frescas, que pueden variarse, obtendrá un plato especialmente rico en vitaminas

4 cebollas
250 g de calabacines
2 pimientos verdes · 4 cebollas
250 g de champiñones
7 cucharadas de aceite de oliva virgen · 2 tomates carnosos
½ cubito de caldo de ave
1 pizca de pimienta negra
1 manojo de perejil, eneldo y albahaca · 2 ramitas de estragón
2 cucharadas de almendras fileteadas · 6 hojitas de salvia
1 pizca de sal y pimienta negra recién molida · 2 dientes de ajo
1 cucharada de zumo de limón
3 l de agua · 1½ cucharaditas de sal · 300 g de tallarines anchos

Fácil

Por persona, unos 2 100 kJ/ 500 kcal · 16 g de proteínas 17 g de grasas · 73 g de hidratos de carbono

Tiempo de preparación: 1 hora

Pele las cebollas, córtelas por la mitad a lo largo y luego en tiras. Lave los calabacines, córtelos por la mitad y cada una en rodajitas. Prepare los pimientos y trocéelos. Lave los champiñones y corte por la mitad los más grandes. Pele los tomates y trocéelos quitándoles las pepitas y la parte dura del rabillo. • Caliente 4 cucharadas de aceite de oliva en una sartén y fría primero la cebolla hasta que esté transparente, añada luego las verduras preparadas, excepto el tomate y deje rehogar 5 minutos. • Esparza por encima el cubito desmenuzado y la pimienta. Deje proseguir la cocción con el recipiente tapado durante 10 minutos a fuego lento. • Lave las hierbas, séquelas agitándolas, quíteles los tallos y píquelas. Pele los dientes de ajo, páselos por el prensa ajos y mézclelos con las almendras fileteadas y las hierbas. Agregue la sal, la pimienta, el zumo de limón y el resto del aceite de oliva. • Incorpore los tomates a las verduras. Deje espesar un poco la salsa. • Hierva la pasta en agua salada unos 8 minutos hasta que esté «al dente», déjela escurrir y sírvala con la salsa y la pasta de hierbas.

Pasta casera de huevo rallada y espirales

El acompañamiento de esta receta consiste en unos champiñones o una salsa de verduras de la cocina mediterránea

«Tarhonya» con salsa de champiñones a la crema
A la izquierda de la foto

| 2 huevos · 1 pizca de sal |
| Unos 250 g de harina |
| 2 cebollas pequeñas |
| 8 cucharadas de aceite de girasol |
| ½ cucharadita de sal |
| 1 cucharadita de pimentón dulce |
| 250 g de champiñones |
| 1 cucharada de harina |
| Unas gotas de zumo de limón |
| 1 pizca de pimienta negra |
| 2 dl de crema de leche |

Especialidad húngara • Elaborada

Por persona, unos 2 520 kJ/ 600 kcal · 14 g de proteínas 36 g de grasas · 54 g de hidratos de carbono

Tiempo para secar la pasta: 14 horas
Tiempo de preparación: 45 min

El día anterior, mezcle en un cuenco los huevos con la sal y la harina hasta obtener una pasta firme. Déjala secar 2 horas, rállela luego y déjala secar extendida. • Pele las cebollas, píquelas y fría la mitad en 5 cucharadas de aceite. Dore la pasta de huevo y cuézala tapada cubierta de agua unos 6 min con la sal y el pimentón. Dé una vuelta a la pasta antes de finalizar la cocción y deje que adquiera una consistencia granulada en el recipiente destapado. • Limpie los champiñones, córtelos y, junto con la cebolla restante, fríalos en el resto del aceite. Espolvoree la harina, remueva y vierta unas 2 cucharadas de agua. Añada el zumo de limón, un poco de sal y la pimienta. Incorpore la leche y deje cocer unos minutos a fuego lento. • Sirva con la pasta rallada.

Espirales con berenjenas
A la derecha de la foto

| 2 dientes de ajo |
| 4 tomates carnosos maduros |
| 2 berenjenas pequeñas |
| 2 pimientos amarillos |
| 100 g de aceitunas verdes |
| 1 manojo de albahaca |
| 2 filetes de anchoa |
| 1 cucharada de alcaparras |
| 4-5 cucharadas de aceite de oliva |
| ½ taza de caldo de ave caliente |
| ½ cucharadita de sal y pimienta |
| 400 g de espirales, espaguetis o *fusilli* |
| 4 l de agua |
| 2 cucharaditas de sal |

Económica • Fácil

Por persona, unos 2 310 kJ/ 550 kcal · 18 g de proteínas 17 g de grasas · 81 g de hidratos de carbono

Tiempo de preparación: 1 hora

Pele los dientes de ajo y aplástelos. Pele los tomates, procurando quitarles la parte dura del rabillo, y pique groseramente la carne. Lave las berenjenas, séquelas y trocéelas. Cuartee los pimientos, prepárelos, lávelos, séquelos y córtelos en tiras finas. Deshuese las aceitunas y píquelas groseramente. Lave la albahaca, escúrrala y píquela con los filetes de anchoa y las alcaparras. • Caliente el aceite, fría en él los dientes de ajo hasta que se doren y luego retírelos. Sofría los trozos de berenjena en el aceite 5 minutos y añada los tomates, las tiras de pimiento, las anchoas, las alcaparras, las aceitunas y la albahaca. Deje cocer las verduras, mójelas con un poco de caldo si fuese necesario y condiméntelas con la sal y la pimienta. • Cueza la pasta «al dente» en el agua salada, déjela escurrir y mézclela con las verduras en una fuente precalentada.

Especialidades de pasta del sudeste asiático

Con jengibre o con un aderezo agridulce, estos platos entusiasmarán a los amigos de la cocina asiática

Fideos con brotes de soja

A la izquierda de la foto

3 l de agua
1½ cucharaditas de sal
1 cucharada de aceite
300 g de fideos
170 g de brotes de soja
2 chiles frescos
2 cebollas tiernas
30 g de rizoma de jengibre fresco
300 g de solomillo de cerdo
3 cucharadas de aceite de sésamo y salsa de soja
1 pizca de sal y pimienta blanca recién molida

Especialidad de Singapur

Por persona, unos 2 010 kJ/ 480 kcal · 26 g de proteínas 17 g de grasas · 56 g de hidratos de carbono

Tiempo de preparación: 30 min

Ponga a hervir el agua con la sal y el aceite. Eche los fideos en el agua hirviendo a borbotones, remuévalos una vez y déjelos hervir 4 minutos. Escurra los fideos en un colador. • Enjuague los brotes de soja en un colador bajo el agua corriente y déjelos escurrir. Prepare los chiles y las cebollas, lávelos, séquelos y córtelos en aros. Pele el jengibre y píquelo. Lave el solomillo de cerdo, séquelo y córtelo en tiras finas de ½ cm. • Caliente el aceite en un wok (sartén china) o en una sartén grande. Sofría el jengibre removiéndolo unos instantes. Añada la carne y fríala 2 minutos. Vaya añadiendo sucesivamente los brotes de soja, los chiles y las cebollas y fría el conjunto 3 minutos removiendo. • Por último, incorpore a la sartén la pasta bien escurrida y fríala otros 3 minutos. Condimente la pasta con la salsa de soja, la sal y la pimienta. • Sírvala acompañada con salsa de soja.

Fideos transparentes a la tailandesa

A la derecha de la foto

200 g de fideos transparentes
400 g de cebollas · 1 guindilla
3 dientes de ajo
250 g de solomillo de cerdo
3 cucharadas de aceite
375 g de brotes de soja
3 cucharadas de salsa de soja
2 cucharadas de salsa de ostras
1 pizca de sal
2-3 cucharadas de azúcar
El zumo de ½ limón
250 g de gambas
2 cucharadas de perejil picado o 1 cucharadita de cilantro picado
Para freír: ¾ l de aceite

Fácil • Especialidad

Por persona, unos 2 520 kJ/ 600 kcal · 34 g de proteínas 21 g de grasas · 63 g de hidratos de carbono

Tiempo de preparación: 1 hora

Corte los fideos transparentes con las tijeras en trozos de unos 7 cm de largo. • Caliente el aceite a 180 °C en una freidora o sartén. Fría la pasta por tandas, procurando que adquiera un color amarillo dorado, sáquela luego del aceite con una espumadera y déjela escurrir bien. • Pele las cebollas y córtelas en aros. Corte la guindilla por la mitad, quítele el rabillo, las membranas y las semillas y píquela con los dientes de ajo pelados. Corte el solomillo de cerdo en tiras de 1 cm de grosor, sofríalas en el aceite 2 minutos removiéndolas. • Sofría los aros de cebolla, los trocitos de ajo y guindilla y los brotes de soja en el aceite durante 2 minutos. Condimente la verdura con las salsas, la sal, el azúcar y el zumo de limón; deje sofreír otros 5 minutos. • Incorpore a la pasta, la carne y las gambas a fuego vivo; adorne el plato con el perejil.

«Bami goreng»

Es conveniente preparar este plato indonesio en un wok o en una sartén de paredes altas

3 l de agua
1½ cucharadita de sal
300 g de udon (pasta china de harina de trigo), reemplazable por espaguetis finos)
300 g de filetes de pechuga de pollo
250 g de col china
4 cebollas tiernas
3 tallos de apio
1 guindilla pequeña
2 dientes de ajo
5 cucharadas de aceite
250 g de gambas
¼ l escaso de caldo de ave
2 cucharadas de salsa de soja

Especialidad • Coste medio

Por persona, unos 2 310 kJ/ 550 kcal · 40 g de proteínas 14 g de grasas · 63 g de hidratos de carbono

Tiempo de preparación: 45 min

Ponga a hervir el agua con la sal. Eche la pasta al agua hirviendo a borbotones, remuévala bien y cuézala unos 8 minutos o hasta que esté «al dente». • Lave los filetes de pollo, séquelos y córtelos en tiras de 1 cm de grosor. • Deje escurrir la pasta en un colador. • Prepare la col china, lávela con agua tibia, séquela y córtela en tiras. Prepare las cebollas, lávelas y córtelas en aros. Lave el apio en agua tibia, séquelo, quítele las hebras gruesas y corte luego los tallos en rodajitas finas. Lave la guindilla con agua caliente, séquela, pártala por la mitad, quítele el rabillo, las membranas y las semillas y píquela. Pele y pique los dientes de ajo. • Caliente 4 cucharadas de aceite y sofría la carne 2 minutos removiéndola luego retírela. Mezcle las verduras picadas, agréguelas a la sartén y fríalas 5 minutos removiendo. Mézclelas con las gambas y la carne de ave; vierta el caldo de gallina y la salsa de soja, sazone y deje cocer unos minutos con el recipiente tapado y a fuego lento. • Caliente el resto del aceite en otra sartén y fría en ella la pasta. • Mezcle las verduras con la pasta.

Pasta con salsas picantes

Con frecuencia la pasta de harina de garbanzos o el *udon* japonés son ingredientes muy poco empleados

Pasta de harina de garbanzos con ragú al curry

A la derecha de la foto

| 200 g de Besan (harina de garbanzos) · 1 plátano |
| 1 cucharadita de levadura en polvo · 2 cucharadas de aceite |
| 8-9 cucharadas de agua |
| ½ cucharadita de sal |
| 1 pizca de pimienta de Cayena |
| 4 cebollas · 2 manzanas |
| 500 g de paletilla de cordero |
| 50 g de mantequilla |
| 2 cucharadas colmadas de curry |
| 2 dl de crema de leche agria |
| Para freír: 1 l de aceite |

Elaborada

Por persona, unos 3 480 kJ/ 830 kcal · 32 g de proteínas 49 g de grasas · 85 g de hidratos de carbono

Tiempo de preparación: 2 horas

Amase la harina de garbanzos con la levadura en polvo, el aceite, el agua, la sal y la pimienta de Cayena y deje reposar la pasta 1 hora tapada. • Pele las cebollas y las manzanas y córtelas. Corte la carne de cordero en trozos de 3 cm. Caliente la mantequilla en una sartén grande hasta que esté espumosa, sofría los trozos de carne uniformemente durante 2 minutos, añada la cebolla y la manzana, sazone y prosiga la cocción 5 minutos. Agregue el curry al ragú y prosiga la cocción unos 30 minutos con el recipiente tapado y a fuego lento. • Pele el plátano, córtelo en rodajas e incorpórelo al ragú con la crema de leche agria. Deje cocer el ragú otros 30 minutos. Sobre una superficie de trabajo ligeramente enharinada, extienda la pasta hasta que quede muy fina y córtela en tiras de 1 cm de ancho. • Caliente el aceite a 180 °C, dore la pasta por porciones y sírvala, escurrida, con el ragú al curry.

Nuestra sugerencia: El plato resulta más pobre en calorías, si, en vez de freír la pasta, se hierve unos 4 minutos en 3 l de agua salada hirviendo a borbotones.

Fideos japoneses con rábano

A la izquierda de la foto

| 4 l de agua · 1 cucharadita de sal |
| 400 g de *udon* (pasta japonesa de harina de trigo) |
| 250 g de champiñones |
| 250 g de zanahorias · |
| 4 cucharadas de aceite |
| 250 g de gambas · 3 cebollas |
| 4 cucharadas de salsa de soja |
| 4 cucharadas de salsa agridulce |
| 1 rábano blanco grande |

Especialidad • Coste medio

Por persona, unos 2 520 kJ/ 600 kcal · 28 g de proteínas 12 g de grasas · 92 g de hidratos de carbono

Tiempo de preparación: 40 min

Ponga a hervir el agua con la sal. Hierva la pasta unos 8 minutos o hasta que esté «al dente», déjela escurrir luego en un colador. • Pele y pique las cebollas. Prepare los champiñones, lávelos, séquelos y córtelos en rodajitas. Raspe las zanahorias bajo el agua del grifo, séquelas y rállelas. • Caliente el aceite en una sartén grande y sofría los trozos de cebolla. Añada los champiñones y las zanahorias ralladas y fríalo otros 3 minutos. • Incorpore al ragú las gambas, la salsa de soja, la salsa agridulce y la pasta cocida y caliente la preparación con el recipiente tapado y a fuego muy lento. • Pele el rábano, lávelo, rállelo, échele un poco de sal, y sírvalo con la pasta.

«Chow mein»

Pasta de huevo china, con un sabroso ragú de solomillo de cerdo

12 setas negras secas	
3 l de agua	
1½ cucharaditas de sal	
300 g de pasta de huevo china	
400 g de solomillo de cerdo	
1-2 cucharadas de maicena	
3 cucharadas de salsa de soja	
3 cebollas tiernas	
2 zanahorias	
250 g de brotes de soja	
4 cucharadas de aceite	
Para freír: 1 l de aceite	

Especialidad china • Elaborada

Por persona, unos 2 600 kJ/ 620 kcal · 33 g de proteínas 25 g de grasas · 69 g de hidratos de carbono

Tiempo de preparación: 1 hora

Ponga a remojar las setas cubiertas de agua templada. • Ponga a hervir el agua con la sal. Deje hervir la pasta de huevo unos 6 minutos, póngala en un colador, échele agua fría, déjela escurrir y póngala sobre papel de cocina absorbente. • Corte el solomillo de cerdo en tiras de 1 cm de grosor. Pase las tiras de carne primero por la maicena y luego por 1 cucharada de salsa de soja. • Prepare las cebollas y córtelas en aros. Ralle las zanahorias, lávelas, séquelas y córtelas en rodajitas finas. • Caliente el aceite a 180 °C en una freidora o sartén honda. Dore la pasta seca por tandas sucesivas hasta que quede crujiente, déjela escurrir luego sobre papel absorbente y manténgala caliente. • Caliente el aceite en una sartén y fría las tiras de carne removiéndolas durante 2 minutos. Añada la zanahoria, los aros de cebolla y los brotes de soja lavados y escurridos; continúe friendo y removiendo otros 3 minutos. • Incorpore a la carne las setas con su agua de remojo y el resto de la salsa de soja y cuézalo todo junto 2 minutos más. Condimente al gusto el ragú con sal y un poco de salsa de soja y si fuese necesario, ligue con 1 cucharadita de maicena mezclada en agua fría. • Sirva la pasta con el ragú.

Pinchos de carne con fideos transparentes

La comida adecuada para todos los que gustan de pequeños platos

400 g de solomillo de buey
2 dientes de ajo
2 cucharadas de maicena
3 cucharadas de salsa de soja y Jerez · 4 cebollas tiernas
1 pizca de sal, pimienta blanca y condimento chino
3 cucharadas de aceite
200 g de fideos transparentes
2 l de agua · El zumo de 1 limón
8 cucharadas de salsa de soja y Jerez · 16 hojas de lechuga
16 rodajas de pepino

**Especialidad vietnamita •
Coste medio**

Por persona, unos 2 010 kJ/ 480 kcal · 28 g de proteínas 12 g de grasas · 60 g de hidratos de carbono

Tiempo de preparación: 1½ horas

Quite las membranas del solomillo y corte la carne en 16 lonchas finas. Pele los dientes de ajo, páselos por el prensa ajos y mézclelos con la maicena, la salsa de soja, el Jerez, la sal, la pimienta, el condimento chino y 2 cucharadas de aceite. Unte las lonchas de carne con ello por ambos lados y déjelas adobar tapadas durante 1 hora. • Cubra los fideos transparentes con agua fría y déjelos remojar 10 minutos. Prepare las cebollas tiernas, lávelas y córtelas en rodajitas. • Cubra con aritos de cebolla las lonchas de carne adobadas, enróllelas y ensártelas en broquetas de madera. • Ponga a hervir el agua. Hierva la pasta 1 minuto y déjela escurrir en un colador. • Caliente el resto del aceite en una sartén y agregue la pasta. • Ase los pinchos de 5 a 7 minutos en una parrilla procurando voltearlos con frecuencia. • Mezcle el zumo de limón con la salsa de soja y el Jerez y repártalos en 4 tacitas. • Disponga en 4 platos las hojas de lechuga lavada, las rodajas de pepino y la pasta. • Coloque los pinchos sobre las hojas de lechuga. • Coma los rollitos de carne envolviéndolos, junto con la pasta, en la lechuga y mojándolos en la salsa.

Fideos transparentes con salsa de huevo

El sake (vino de arroz) caliente, armoniza bien con esta receta

Pasta de arroz con carne de buey

Una comida típicamente asiática que conviene preparar en un wok

8 setas negras secas
300 g de fideos transparentes
400 g de solomillo de cerdo
4 cebollas tiernas
4 cucharadas de arroz
½ cucharadita de sal
⅛ l de caldo de ave caliente sustancioso
6 cucharadas de Jerez seco
4 cucharadas de salsa de soja
3 l de agua
4 yemas

Especialidad china • Rápida

Por persona, unos 2 310 kJ/ 550 kcal · 33 g de proteínas 25 g de grasas · 43 g de hidratos de carbono

Tiempo de preparación: 30 min

Ponga a remojar las setas cubiertas de agua templada. Con unas tijeras, corte los fideos transparentes en trozos de unos 6 cm de largo y déjelos remojar 10 minutos en agua fría. • Corte el solomillo de cerdo en tiras de aproximadamente 1 cm de ancho. Prepare las cebollas, lávelas a fondo, séquelas y córtelas en aros finos. • Caliente el aceite. Sofría las tiras de carne removiéndolas durante 2 minutos y sazónelas. Añada los aros de cebolla y siga friendo durante 1 minuto. Incorpore a la mezcla de carne y cebolla el caldo, el Jerez, la salsa de soja y las setas con su agua de remojo, lleve a ebullición y cueza 1 minuto a fuego vivo. • Lleve a ebullición el agua. Deje hervir la pasta durante 1 minuto, échela luego en un colador, déjela escurrir y dispóngala sobre 4 platos precalentados. Bata ligeramente las yemas y distribúyalas sobre la pasta. Reparta por encima la salsa hirviendo con la carne.

300 g de pasta de arroz ancha
400 g de filete de buey
3 cucharadas de salsa de soja
2 cucharadas de vino de arroz (sake)
1 cucharada de maicena
4 cebollas tiernas
250 g de champiñones
3 l de agua
5 cucharadas de aceite
250 g de brotes de soja
1 cucharadita de sal
2 cucharaditas de azúcar
3 cucharadas de vinagre de vino blanco
1 pizca de pimienta negra recién molida

Especialidad • Elaborada

Por persona, unos 2 520 kJ/ 620 kcal · 35 g de proteínas 23 g de grasas · 67 g de hidratos de carbono

Tiempo de preparación: 1¼ hora

Deje remojar la pasta cubierta en agua durante 1 hora. • Corte el lomo en tiras de 1 cm de grosor. Mezcle 2 cucharadas de salsa de soja con el vino de arroz, ponga la carne en esta mezcla y luego añada la maicena; déjela reposar tapada. • Prepare las cebollas tiernas, lávelas y córtelas en aros. Prepare los champiñones, lávelos y córtelo en rodajitas. • Lleve a ebullición el agua. Deje hervir la pasta 1 minuto, póngala en un colador, mójela con agua fría y póngala a escurrir. • Caliente el aceite en un wok o sartén honda y sofría las tiras de carne 2 minutos, sáquelas luego y tápelas para que se conserven calientes. • Fría los aros de cebolla en el aceite durante 1 minuto, añada los champiñones y los brotes de soja enjuagados, condimente con el resto de la salsa de soja, la sal, el azúcar, el vinagre y la pimienta y siga friendo 3 minutos. • Mezcle con la pasta, añada la carne y fríalo todo 2 minutos más.

Pasta horneada, rellena y gratinada

Platos de pasta muy originales

Roscón de pasta con acelgas

Si no dispone de acelgas, puede preparar este plato con espinacas

Ingredientes para 6 personas:
300 g de harina · 2 huevos
1 pizca de sal · ⅛ l de agua tibia
2 cucharaditas de aceite de semillas
500 g de acelgas
2 l de agua · 1 cucharadita de sal
2 escalonias · 1 diente de ajo
2 cucharadas de mantequilla
1 pizca de pimienta blanca
½ cucharadita de sal
200 g de jamón dulce sin grasa, en lonchas finas
250 g de requesón o
½ dl de crema de leche espesa
1 petit suisse grande natural
200 g de queso Mozzarella
½ manojo de perejil
1 pizca de nuez moscada rallada
4 l de agua · 1 cucharadita de sal
500 g de tomates
1 pizca de tomillo y albahaca
50 g de queso parmesano
Para la bandeja de horno: mantequilla

Elaborada

Por persona, unos 2 680 kJ/ 640 kcal · 28 g de proteínas 37 g de grasas · 44 g de hidratos de carbono

Tiempo de preparación: 2½ horas

Amase la harina con los huevos, la sal, 1 cucharadita de aceite y el agua necesaria para obtener una pasta lisa y brillante. Haga una bola con ella, úntela con el resto del aceite y déjela reposar 1 hora tapada con un cuenco. • Entre tanto, corte los extremos a las acelgas. Lávelas, separe las hojas de los tallos, corte ambos en tiras finas y escáldelas 2 minutos en agua hirviendo con sal, por último, póngalas a escurrir en un colador. • Pele las escalonias y el diente de ajo, píquelos y mézclelos con las acelgas exprimidas, la mantequilla, la pimienta y 1 pizca de sal. • Corte el jamón en dados y mézclelos con el requesón, la crema de leche y el petit suisse. Corte el queso en dados. Pique el perejil lavado y agréguelo a la mezcla anterior incorporando la mitad de los dados de Mozzarella, la nuez moscada, la sal y la pimienta. Extienda la pasta sobre un lienzo enharinado formando un rectángulo. Distribuya encima la crema de jamón y las acelgas. Enrolle la pasta sirviéndose del lienzo, pincele los extremos con agua y ciérrela formando un anillo. • Hierva el roscón unos 30 minutos en una cazuela amplia con el agua hirviendo salada. • Mientras tanto, haga un corte en forma de cruz en la base curva de los tomates, escáldelos en agua hirviendo, pélelos, quíteles la parte del rabillo, píquelos y, junto con las hierbas desmenuzadas, deje que cuezan en un cazo destapado hasta que el líquido se haya evaporado casi por completo. Incorpore luego el resto del queso Mozzarella. • Precaliente el horno a 250 °C. Unte bien con mantequilla una bandeja de horno. • Coloque cuidadosamente el roscón de pasta sobre la bandeja, cúbralo con la salsa de tomate, espolvoréelo con el parmesano y gratínelo durante 15 minutos.

<u>Nuestra sugerencia</u>: Si no puede conseguir acelgas, puede utilizar, en su lugar, espinacas tiernas. Si no dispone de una cazuela tan amplia como la que se precisa para cocer el roscón de pasta, puede dividir la pasta en 2 rectángulos, enrollarlos rellenos y cocer éstos en unos 20 minutos utilizando 2 recipientes con agua salada. El roscón de pasta sobrante puede recalentarse fácilmente: para ello, córtelo en trozos grandes, esparza sobre éstos trocitos de mantequilla y queso parmesano y métalos unos 10 minutos en el horno precalentado a 220 °C.

Variaciones con canelones

Los conocidos rollos rellenos de pasta, tal y como se sirven en Italia

Canelones clásicos

A la izquierda de la foto

1 cebolla grande · 2½ l de agua
250 g de carne de ternera picada
2 cucharadas de aceite de oliva
1 pizca de sal y pimienta negra
½ cucharadita de orégano y salvia secos · 2 dientes de ajo
2 cucharaditas de tomate
400 g de tomates pelados
1 cucharadita de sal
150 g de queso parmesano rallado · 250 g de canelones
3 cucharadas de crema de leche agria · 50 g de mantequilla

Especialidad italiana

Por persona, unos 2 980 kJ/ 710 kcal · 28 g de proteínas 40 g de grasas · 52 g de hidratos de carbono

Tiempo de preparación: 1 hora
Tiempo de horneado: 45 min

Pele la cebolla y los dientes de ajo y píquelos; sofríalos con la carne picada unos minutos en el aceite. • Retire la mezcla del fuego, condiméntela con la sal, la pimienta, las hierbas desmenuzadas y el tomate concentrado y déjela enfriar. • Precaliente el horno a 200 °C. • Aplaste los tomates, caliéntelos con su líquido y deje que se evapore un poco el líquido con el recipiente destapado. • Hierva previamente los canelones en el agua hirviendo salada. • Mezcle la carne con la mitad del parmesano y la crema agria e introduzca el relleno en los rollos de pasta. • Unte con mantequilla una fuente para gratinar y coloque en ella los canelones. Vierta por encima la salsa de tomate, esparza el resto del queso y cúbralo todo con trocitos de mantequilla. • Ponga los canelones en el centro del horno durante 45 minutos. • Acompañe los canelones con una ensalada verde.

Canelones rellenos de verduras

A la derecha de la foto

1 cebolla grande
2 zanahorias jóvenes
1 colinabo pequeño
2 cucharadas de aceite de oliva
150 g de guisantes congelados
3 cucharadas de perejil picado
1 cucharada de tomillo y albahaca recién picados
o ½ cucharadita de estas hierbas secas · 250 g de canelones
5 cucharadas de vino blanco seco · 2½ l de agua
1 cucharadita de sal
1 pizca de sal y pimienta blanca
½ dl de crema de leche espesa
1 petit suisse grande natural
150 g de queso pecorino rallado
50 g de mantequilla

Económica • Fácil

Por persona, unos 2 890 kJ/ 690 kcal · 26 g de proteínas 36 g de grasas · 61 g de hidratos de carbono

Tiempo de preparación: 45 min
Tiempo de horneado: 20 min

Pele y pique la cebolla. Raspe las zanahorias y córtelas en tiritas (juliana). Pele el colinabo y píquelo. • Caliente el aceite y fría la cebolla. Añada las verduras, los guisantes, las hierbas y el vino, y rehogue la preparación 5 minutos, después déjela enfriar. • Hierva la pasta en agua hirviendo salada. • Precaliente el horno a 250 °C. • Mezcle las verduras con la sal, la pimienta, la crema, el petit suisse y 50 g de queso pecorino y rellene con esto los rollos de pasta escurridos. • Unte con mantequilla un molde de gratinar, disponga en él los canelones, esparza sobre ellos el resto del queso rallado y mantequilla y hornéelos 20 minutos.

Ravioles de carne

Empanadillas austriacas rellenas de carne

300 g de harina · 4 huevos
2 pizcas de sal · 4-5 l de agua
350 g de carne hervida o asada
1 cebolla · 1 manojo de perejil
1 cucharada de manteca
1 pizca de pimienta negra
1 pizca de tomillo y mejorana
1 clara · 2 cucharaditas de sal

Especialidad austriaca

Por persona, unos 2 680 kJ/ 640 kcal · 31 g de proteínas 32 g de grasas · 59 g de hidratos de carbono

Tiempo de preparación: 1¾ hora

Prepare una pasta maleable con la harina, 3 huevos, 1 pizca de sal y, un poco de agua. Deje reposar la pasta tapada durante 1 hora. • Pase la carne por la picadora. Pele y pique la cebolla. Lave el perejil y píquelo finamente. • Caliente la manteca en una sartén, fría la cebolla hasta que esté transparente y añada la carne. Sazone con 1 pizca de sal, la pimienta, el tomillo, la mejorana y el perejil. Deje enfriar la carne unos instantes y mézclela luego con el huevo restante. • Divida la pasta en 2 partes y extiéndalas dándoles forma de rectángulo sobre una superficie de trabajo enharinada, hasta que tengan un grosor de unos 2 mm. Con una cucharita, distribuya el relleno sobre uno de los rectángulos, dejando espacios de separación de unos 4 cm. Pincele los espacios de separación con clara de huevo ligeramente batida. Coloque por encima el segundo rectángulo de pasta y presione firmemente entre los espacios de separación. Corte pequeños ravioles cuadrados. • Ponga a hervir el agua salada en una olla grande y hierva los ravioles 5 minutos. • Puede servirlos en un caldo de carne o freírlos en mantequilla y acompañarlos con una salsa de tomate.

Empanadillas tirolesas

El relleno queda mejor con hojas de espinacas frescas

300 g de harina de trigo
3 huevos · 2 pizcas de sal
500 g de espinacas
100 g de mantequilla
1 pizca de pimienta blanca
1 pizca de nuez moscada rallada
100 g de queso Emmenthal rallado · 1 clara
4 l de agua · 2 cucharaditas de sal y 8 de aritos de cebollino

Especialidad

Por persona, unos 2 680 kJ/ 640 kcal · 25 g de proteínas 34 g de grasas · 60 g de hidratos de carbono

Tiempo de preparación: 1¾ hora

Prepare una pasta maleable con la harina, los huevos, 1 pizca de sal y un poco de agua. Déjela reposar 1 hora. • Prepare las espinacas, lávelas y con el líquido que contengan, déjelas cocer a fuego moderado; escúrralas, exprímalas y píquelas. • Derrita 2 cucharadas de mantequilla en una sartén. Añada las espinacas y condiméntelas con 1 pizca de sal, la pimienta y la nuez moscada; deje que el líquido se evapore y enfríe después las espinacas. Mézclelas con 50 g de queso Emmenthal. • Divida la pasta en 4 partes, extienda éstas hasta que tengan un grosor de 2 mm y corte círculos de pasta de 8 cm de diámetro. Reparta las espinacas sobre una de las mitades de cada círculo y pincele los bordes con la clara de huevo batida. Forme medias lunas plegando los círculos de pasta y presionando los bordes y deje reposar las empanadillas sobre un lienzo. • Ponga a hervir el agua salada en una cazuela grande. Hierva las empanadillas 6 minutos. • Derrita el resto de la mantequilla. • Saque las empanadillas del agua, espárzales la mantequilla y sírvalas con el cebollino y el resto del queso.

Empanadillas de requesón de Carintia

El tocino frito y crujiente da a este plato un gusto muy sabroso

300 g de harina · 3 huevos
200 g de patatas harinosas
300 g de requesón descremado
50 g de mantequilla ablandada
⅛ l escaso de crema de leche agria · 2 pizcas de sal
1 cucharadita de menta, perejil, perifollo y cebollino picados
1 pizca de pimienta negra
150 g de tocino ahumado
1 clara · 4 l de agua
2 cucharaditas de sal

Elaborada •
Especialidad austriaca

Por persona, unos 3 310 kJ/ 790 kcal · 30 g de proteínas 43 g de grasas · 68 g de hidratos de carbono

Tiempo de preparación: 1 ¾ hora

Prepare una pasta maleable con la harina, los huevos, 1 pizca de sal y un poco de agua. Haga una bola con la pasta y déjela reposar tapada 1 hora. • Pele las patatas, lávelas, córtelas en trozos y cuézalas en 15 minutos. • Mezcle el requesón con la mantequilla, la crema agria y las hierbas y condiméntelo todo con sal y la pimienta. • Pique el tocino ahumado. • Escurra las patatas y déjelas enfriar un poco, échelas luego sobre la masa de requesón pasándolas por un pasapurés y mézclelo todo. • Divida la pasta en porciones y extienda éstas en tiras anchas. Distribuya el relleno a cucharaditas sobre las mitades inferiores de las tiras, dejando espacios de separación uniformes. Pincele los espacios de separación con la clara batida. Pliegue las mitades superiores de las tiras de masa sobre las inferiores. Presione firmemente la pasta alrededor de los rellenos. Corte medias lunas de pasta. Extienda los bordes con los dedos pulgar e índice y pínceles para que adquieran forma dentada. • Ponga a hervir el agua con la sal. Hierva las empanadillas de requesón 5 minutos. • Dore los trocitos de tocino para que suelten la grasa y queden crujientes y espárzalos sobre la pasta escurrida.

Cuadraditos de pasta fritos

Esta delicada pasta lleva algo de tiempo. De ahí que sea aconsejable elaborar los cuadraditos en mayor cantidad, como reserva

| 5 cucharadas de leche |
| 250 g de harina · 2 huevos |
| 1 cucharadita de sal · 2 dientes de ajo · 1 cebolla grande |
| 1 tallo de apio |
| 2 tomates carnosos |
| 4 cucharadas de aceite de oliva |
| 1 pizca de sal, pimienta negra y azúcar · 50 g de sémola fina |
| 4 l de agua · 2 cucharaditas de sal · 50 g de sémola fina |
| 2 cucharadas de perejil picado |
| 100 g de queso kefalotiri o parmesano recién rallado |

Especialidad griega

Por persona, unos 2 310 kJ/ 550 kcal · 23 g de proteínas 19 g de grasas · 64 g de hidratos de carbono

Tiempo de preparación y de reposo para la pasta: 2¼ horas
Tiempo para secar la pasta: 2 días
Tiempo de preparación: 35 min

Mezcle la sémola con la leche y déjela reposar 1 hora. • Mezcle la harina con la sémola, los huevos y la sal y amáselo todo hasta obtener una pasta firme y maleable. Deje reposar la pasta 1 hora, tapándola con un cuenco enjuagado con agua caliente y volteado. • Extienda luego la pasta por porciones, hasta que cada una tenga el grosor del canto de un cuchillo, y deje secar las láminas 15 minutos. • Corte dichas láminas en cuadrados de 1 cm de lado y deje que se sequen extendidos durante 2 días. • Pele los dientes de ajo y la cebolla y pique ambos. Lave el apio, séquelo, quítele las nervaduras gruesas y córtelo en rodajitas finas. Pele y pique los tomates. • Caliente el aceite. Sofría la cebolla, el apio y el ajo 5 minutos. Añada los trozos de tomate, condimente con la sal, la pimienta y el azúcar y deje sofreír la preparación. • Ponga a hervir el agua con la sal. Hierva la pasta unos 5 minutos hasta que esté «al diente», déjela escurrir en un colador e incorpórela a la salsa y sofríala unos 3 minutos. • Sirva la mezcla de pasta y verduras espolvoreada con el perejil y el queso.

«Banitza»

Este pastel de pasta, relleno con queso de oveja es una delicia tanto frío como caliente

Pasta con apio

Para los que quieran renunciar a la carne de vez en cuando

---

500 g de harina · 2 pizcas de sal
1 cucharada de vinagre de vino
oveja fresco · 1 ½ taza de agua
3 cucharadas de crema de leche
1 manojo de eneldo · 1 diente de ajo · 1 pizca de pimienta negra
Para la superficie de trabajo: harina
Para untar: aceite

Especialidad búlgara

Por persona, unos 3 100 kJ/ 740 kcal · 28 g de proteínas 26 g de grasas · 96 g de hidratos de carbono

Tiempo de preparación: 1 hora
Tiempo de horneado: 30-35 min

Mezcle la harina con 1 pizca de sal, el aceite y tanta agua como la que absorba la harina, amáselo todo hasta obtener una pasta lisa y déjala reposar 1 hora.
• Para el relleno, separe las yemas de las claras. Desmenuce el queso y mézclelo con las yemas y la crema. Lave el eneldo y píquelo. Pele el diente de ajo y píquelo espolvoreado con 1 pizca de azúcar Bata las claras a punto de nieve. Incorpore el eneldo, el ajo y la pimienta al queso y luego las claras montadas. • Precaliente el horno a 180 °C. Unte una placa de hornear con aceite. • Forme con la pasta 10 bolas del mismo tamaño. Extienda 2 bolas de pasta hasta que cada una adquiera el tamaño de la mitad de la placa. Coloque una de las láminas de pasta sobre la placa, pincélela con aceite y coloque la otra lámina por encima. Distribuya una cuarta parte del relleno sobre la última lámina de pasta. Proceda de la misma manera con las demás bolas de pasta y el resto del relleno. Pincele la última lámina de pasta con aceite. • Hornee 30 ó 35 minutos, déjelo reposar unos instantes y córtelo en rectángulos.

---

500 g de tallos de apio
1 cebolla y 1 diente de apio
2 cucharadas de aceite de nueces
⅛ l de caldo de verduras y vino blanco seco
400 g de pasta a elección, como espirales, *rigatoni* o macarrones
4 l de agua · 2 cucharadas de sal
3 cucharadas de semillas de sésamo · 500 g de tallos de apio
2 cucharaditas de maicena
3 cucharadas de crema de leche
1 pizca de sal y pimienta blanca

Rápida • Económica

Por persona, unos 2 520 kJ/ 600 kcal · 19 g de proteínas 18 g de grasas · 86 g de hidratos de carbono

Tiempo de preparación: 40 min

Quite las hebras gruesas a los tallos de apio y córteles los extremos. Reserve algunas hojas tiernas. Lave los tallos de apio y córtelos en rodajitas. Pele y pique la cebolla y el diente de ajo; fríalos en el aceite hasta que estén transparentes. Añada el apio, vierta el caldo de verduras y el vino y deje rehogar durante 10 minutos. • Cueza la pasta en el agua hirviendo salada, procurando que no quede demasiado blanda, escúrrala en un colador, póngala unos instantes debajo del agua fría y déjala escurrir. • Tueste las semillas de sésamo en una sartén seca, removiéndolas hasta que adquieran un tono dorado. • Mezcle la maicena con la crema hasta obtener una pasta lisa y ligue con ello el fondo de cocción del apio. Deje cocer las verduras unos minutos a fuego lento condiméntelas con la sal y la pimienta y échales las semillas de sésamo. • Mezcle la pasta con las verduras. • Si lo desea, sirva este plato con queso Emmenthal recién rallado y, como bebida, el mismo vino que se utilizó para cocer.

Ravioles con rellenos delicados

Combinados con salsa de tomate casera y queso recién rallado constituyen una delicia

Ravioles con relleno de espinacas

A la derecha de la foto

300 g de harina · 2 huevos
1 pizca de sal · 3 l de agua
5 cucharadas de aceite de nueces
6-8 cucharadas de agua tibia
2 dientes de ajo · 100 g de carne de buey picada sin grasa
100 g de queso pecorino
2 cucharadas de pistachos picados · 300 g de espinacas
1 pizca de sal, pimienta negra y nuez moscada rallada
1 cucharadita de sal y aceite

Especialidad italiana

Por persona, unos 2 180 kJ/ 520 kcal · 20 g de proteínas 21 g de grasas · 61 g de hidratos de carbono

Tiempo de preparación: 1¾ horas

Amase la harina con los huevos, la sal, 3 cucharadas de aceite de nueces y el agua necesaria para obtener una pasta. Déjela reposar 1 hora untada con aceite y tapada. • Prepare las espinacas, lávelas y cuézalas con su propio líquido a fuego vivo 2 minutos, exprímalas y píquelas. Pele los dientes de ajo, píquelos y mézclelos con la carne. Desmenuce el queso. Sofría la carne en el aceite restante, déjela enfriar y mézclela con las espinacas, el queso pecorino, los pistachos y las especias. • Divida la pasta en trozos y extiéndala sobre una superfice de trabajo enharinada. Distribuya la mezcla de espinacas sobre una de las láminas de pasta, coloque encima la segunda lámina de pasta y presione fuertemente entre los montoncitos del relleno. Corte los ravioles con un cortapastas y hiérvalos 5 minutos en el agua hirviendo con la sal y el aceite.

Ravioles con relleno de queso

A la izquierda de la foto

Ingredientes para 6 personas:
6-7 huevos
½ cucharadita de sal
2 cucharadas de aceite
500 g de harina
250 g de queso parmesano
250 g de queso ricotta (queso fresco italiano), o requesón
1 pizca de pimienta blanca
1 pizca de nuez moscada rallada
2-3 l de agua
1 cucharadita de sal
125 g de mantequilla

Elaborada

Por persona, unos 3 610 kJ/ 860 kcal · 43 g de proteínas 51 g de grasas · 61 g de hidratos de carbono

Tiempo de preparación: 1¾ horas

Para preparar la pasta, casque en un recipiente 4 ó 5 huevos. Incorpore la sal y el aceite, añada un poco de harina y remueva hasta obtener una pasta. Tamice el resto de la harina sobre un cuenco, añada la mezcla de huevos y amase hasta obtener una pasta. Deje reposar la pasta 1 hora tapada con un cuenco volteado. • Ralle el parmesano y mezcle 150 g del mismo con la ricotta, los demás huevos, sal, la pimienta y la nuez moscada. • Extienda la pasta sobre una superficie de trabajo enharinada hasta que tenga 2 mm de grosor, corte luego la pasta en cuadrados. Reparta el relleno sobre los cuadrados. Pincele los bordes de éstos y pliegue los ravioles. • Lleve a ebullición el agua con la sal y hierva los ravioles 5 minutos, luego déjelos escurrir. • Dore la mantequilla, mézclela con el resto del parmesano y rocíe con ello los ravioles, removiéndolos con cuidado.

«Tortellini» rellenos de gambas

En vez de queso recién rallado y mantequilla derretida, esta receta puede completarse con una salsa de crema al vino blanco

300 g de harina · 3 huevos
4 cucharadas de aceite de semillas · 250 g de gambas
2 tomates · 3 escalonias
3 cucharadas de vino blanco
1 cucharadita de maicena
3 cucharadas de crema de leche agria
1 pizca de sal y pimienta blanca recién molida
1 cucharada de zumo de limón
2 cucharadas de hojitas de eneldo · 3 l de agua
1 cucharadita de sal
1 cucharadita de aceite

Elaborada

Por persona, unos 2 180 kJ/ 520 kcal · 25 g de proteínas 17 g de grasas · 63 g de hidratos de carbono

Tiempo de preparación: 2 horas

Amase la harina, los huevos, la sal y 3 cucharadas de aceite hasta obtener una pasta maleable y déjala reposar tapada 1 hora. • Lave las gambas bajo el agua corriente, séquelas y píquelas. Escalde los tomates en agua hirviendo, pélelos, cuartéelos, quíteles las pepitas y la parte dura del rabillo y píquelos. Pele y pique las escalonias. Deslía la maicena en vino blanco. • Fría las escalonias en el aceite restante hasta que estén transparentes, añada los tomates y la crema agria y deje rehogar unos 5 minutos removiendo de vez en cuando. Añada la maicena desleída, la sal, la pimienta y el zumo de limón. Prosiga la cocción unos minutos más a fuego lento en el recipiente destapado. • Deje enfriar un poco la preparación y mézclala con las gambas y el eneldo. • Extienda la pasta por porciones sobre la superficie de trabajo ligeramente enharinada hasta que esté fina, corte círculos de 7 cm de diámetro y pincele sus bordes con agua. Reparta el relleno sobre los círculos de pasta, pliegue éstos formando medias lunas, presiónelos y doble las medias lunas en forma de anillo. • Lleve a ebullición el agua. Añada la sal y el aceite y hiérvalos unos 6 minutos.

Tallarines a la leñadora

Como mejor está es con tallarines de elaboración casera

1 cebolla pequeña
1 diente de ajo
150 g de solomillo de cerdo
100 g de tocino ahumado
100 g de setas calabaza o champiñones
50 g de mantequilla
1 cucharada de coñac
⅛ l de crema de leche
1 pizca de sal y pimienta negra recién molida
4 l de agua
2 cucharaditas de sal
400 g de tallarines
75 g de queso parmesano recién rallado

Coste medio

Por persona, unos 3 810 kJ/ 860 kcal · 31 g de proteínas 48 g de grasas · 76 g de hidratos de carbono

Tiempo de preparación: 40 min

Pele y pique la cebolla y el diente de ajo. Lave la carne brevemente con agua fría, séquela y córtela en tiras. Pique el tocino. Prepare las setas, lávelas bajo el agua corriente, séquelas y córtelas en rodajitas. • Caliente la mantequilla en una sartén. Dore un poco la cebolla y el ajo. Añada la carne, el tocino y las setas, deje sofreír y vierta el coñac. Cuando el líquido se haya evaporado, agregue la crema de leche. Salpimente el ragú; cuézalo tapado y a fuego lento. • Lleve a ebullición el agua. Añada la sal y la pasta. Hierva la pasta que esté «al dente» y déjela escurrir luego bien. • Mezcle el ragú con la pasta y el parmesano. Sirva el plato inmediatamente.

«Spätzle» de escanda con judías

La harina de escanda puede adquirirse en tiendas especializadas

100 g de harina de escanda
1 cucharada de levadura
½ cucharadita de comino molido
3 huevos · 500 g de judías verdes · 200 g de champiñones
50 g de mantequilla · 2 cebollas
4 cucharadas de crema de leche
1 pizca de pimienta negra
100 g de mojama en lonchas muy finas · 3 pizcas de sal gorda
2 l de agua · 1 cucharadita de sal
2 cucharadas de perejil picado
100 g de queso Gruyère rallado
Para el molde: mantequilla

Receta integral

Por persona, unos 1 800 kJ/ 430 kcal · 24 g de proteínas 31 g de grasas · 13 g de hidratos de carbono

Tiempo de preparación: 1½ hora
Tiempo de horneado: 15 min

Para preparar los *spätzle*, amase la harina, la levadura, el comino, 2 pizcas de sal y los huevos. Deje reposar la pasta tapada para que se hinche. • Limpie las judías, trocéelas y hiérvalas 20 minutos. Limpie los champiñones y córtelos en rodajitas. • Pique las cebollas y fríalas en 40 g de mantequilla. Añada los champiñones, el resto de la sal, la crema de leche y la pimienta y deje cocer 10 minutos. • Corte la mojama en tiras. • Precaliente el horno a 200 °C. • Lleve a ebullición el agua con la sal. Divida la pasta en 2 partes y échelas en el agua hirviendo haciéndolas pasar a través de una manga con boquilla redonda, retire la pasta del agua conforme salga a flote en la superficie. • Escurra las judías, mézclelas con los *spätzle*, los champiñones, las tiras de carne y el perejil, disponga la mezcla en una fuente, esparza el queso y el resto de la mantequilla y gratine 15 minutos.

Pasta frita con hígado o queso

Seguro que merece la pena el experimento: pasta frita o como base de una tortilla

Pasta con salsa de higadillos

A la derecha de la foto

| 3 l de agua |
| 1½ cucharadita de sal |
| 300 g de pasta china de huevo |
| 8 cucharadas de aceite |
| 400 g de higadillos de ave |
| 250 g de zanahorias y champiñones |
| 4 cebollas tiernas |
| 2 cucharadas de salsa de soja |
| ½ cucharadita de sal |
| 1 cucharadita de azúcar |
| 1 pizca de pimienta blanca |
| ⅛ l de caldo de ave |
| 1 cucharada de maicena |

Especialidad china • Elaborada

Por persona, unos 2 730 kJ/ 650 kcal · 35 g de proteínas 24 g de grasas · 72 g de hidratos de carbono

Tiempo de preparación: 40 min

Lleve a ebullición el agua con la sal. Hierva la pasta de 6 a 8 minutos, procurando que no se reblandezca, escúrrala en un colador, pásela bajo el agua corriente fría, déjala escurrir a fondo y mézclela con 1 cucharada de aceite de oliva en un cuenco. • Caliente 3 cucharadas de aceite en una sartén grande. Eche la pasta en la sartén y dórela despacio a fuego lento, de modo que quede pegada entre sí formando una masa. • Lave los higadillos, quíteles las membranas y las partes con hiel y córtelos por la mitad. Raspe las zanahorias, lávelas y córtelas en tiras. Prepare los champiñones y las cebollas, lávelos y córtelos en rodajitas. • Caliente el resto del aceite, fría las cebollas y las zanahorias 5 minutos, añada luego los champiñones y, por último, los higadillos. Fríalo todo otros 3 minutos. • Incorpore removiendo la salsa de soja, la sal, el azúcar y la pimienta. Vierta por encima el caldo de gallina, llévelo a ebullición e incorpore la maicena desleída en agua fría; dé un hervor. Sirva la salsa de higadillos sobre la pasta.

Tortilla de pasta con queso parmesano

A la izquierda de la foto

| 4 l de agua |
| 2½ cucharaditas de sal |
| 1 cucharada de aceite |
| 400 g de tallarines |
| 6 huevos |
| 1 pizca de pimienta blanca |
| 1 cucharada de perejil recién picado y aritos de cebollino |
| 6 cucharadas de crema de leche |
| 4 cucharadas de mantequilla |
| 80 g de queso parmesano recién rallado |

Fácil • Económica

Por persona, unos 3 310 kJ/ 790 kcal · 36 g de proteínas 39 g de grasas · 74 g de hidratos de carbono

Tiempo de preparación: 45 min

Lleve a ebullición el agua. Añádale 2 cucharaditas de sal y el aceite. Hierva la pasta hasta que esté «al dente» y déjala escurrir. • Bata los huevos con el resto de la sal, la pimienta, las hierbas, la crema y la leche. • Caliente 2 cucharadas de mantequilla en una sartén grande. Eche la mitad de la pasta escurrida y dórela. Vierta por encima la mitad de los huevos y del parmesano. Deje cuajar la tortilla unos 5 minutos, sáquela de la sartén y manténgala caliente en el horno a 50 °C. • Eche el resto de la mantequilla en la sartén y elabore la segunda tortilla del mismo modo.

Cuadrados de pasta austriacos

Sustanciosos gratines que dejan siempre satisfecho

Cuadrados de Burgenland

A la izquierda de la foto

250 g de harina · 2 huevos
1 pizca de sal · 2 pimientos
300 g de espalda de ternera
100 g de tocino ahumado
1 cebolla grande · 2 tomates
1 cucharada de manteca
1 cucharadita de pimentón dulce
½ taza de caldo de carne
3 l de agua · 1½ cucharadita de sal · 3 cucharadas de mantequilla
100 g de queso Gruyère

Elaborada

Por persona, unos 2 980 kJ/ 710 kcal · 38 g de proteínas 39 g de grasas · 52 g de hidratos de carbono

Tiempo de preparación: 1¼ hora
Tiempo de horneado: 10 min

Prepare una pasta con la harina, los huevos, la sal y un poco de agua y déjela reposar tapada 30 minutos. • Pase la carne por la picadora. Pique el tocino. Pele y pique la cebolla. Pele los tomates y píquelos también. Lave los pimientos y córtelos en tiras. • Fría los trozos de tocino en la manteca. Fría allí la cebolla 5 minutos. Añada también la carne y condiméntela con el pimentón y sal. Incorpore los tomates y las tiras de pimiento. Vierta el caldo y deje cocer con el recipiente tapado 15 minutos. • Extienda la pasta sin que quede demasiado fina y córtela en cuadrados. Déjelos secar unos instantes, hiérvalos luego en el agua salada 4 minutos y póngalos a escurrir. • Precaliente el horno a 180 °C. Engrase una fuente para gratinar con 1 cucharada de mantequilla. • Mezcle el ragú con la pasta y 50 g de mantequilla, dispóngalo todo en la fuente y distribuya por encima la mantequilla troceada. Hornee la preparación 10 minutos. • Sirva con el resto del queso esparcido por encima.

Cuadrados de jamón

A la derecha de la foto

250 g de harina · 5 huevos
2 pizcas de sal · 3 l de agua
200 g de jamón dulce
100 g de mantequilla ablandada
1 pizca de pimienta blanca
1 pizca de nuez moscada rallada
⅛ l de crema de leche
½ cucharadita de sal
4 cucharadas de pan rallado
3 cucharadas de queso Gruyère

Especialidad vienesa

Por persona, unos 3 480 kJ/ 830 kcal · 34 g de proteínas 50 g de grasas · 58 g de hidratos de carbono

Tiempo de preparación: 1½ hora
Tiempo de horneado: 30 min

Prepare una pasta con la harina, 2 huevos, 1 pizca de sal y un poco de agua y déjela reposar tapada 30 min. • Corte el jamón en trozos pequeños. Separe las yemas de las claras de los huevos restantes. Bata 50 g de mantequilla con las yemas e incorpórele el resto de la sal, la pimienta, la nuez moscada y la crema agria. • Extienda la pasta, déjela secar unos instantes, córtela en cuadrados y cuézalos en el agua salada 4 min, luego mézclelos con los trocitos de jamón y la masa de yemas. • Bata las claras a punto de nieve e incorpórelas a la preparación. • Precaliente el horno a 200 °C. Unte con mantequilla una fuente para gratinar y espolvoréela con 2 cucharadas de pan rallado. Vierta la preparación, alísela y eche encima el queso y el resto del pan rallado, rocíe con la mantequilla derretida y hornee 30 min.

Timbal de macarrones y jamón

Prepárelo en un molde refractario circular cubierto con papel de aluminio, este timbal también puede hornearse al baño maría

4 l de agua
2 cucharaditas de sal
400 g de macarrones largos
100 g de jamón ahumado en lonchas finas · 1 manojo de cebollino · 1 cucharada de aceite
2 dl de crema de leche
1 cebolla grande · 4 huevos
1 pizca de sal y pimienta blanca
Para el molde: mantequilla

Económica • Elaborada

Por persona, unos 3 190 kJ/ 760 kcal · 32 g de proteínas 37 g de grasas · 77 g de hidratos de carbono

Tiempo de preparación: 30 min
Tiempo de cocción: 1½ hora

Lleve a ebullición el agua. Añada la sal y el aceite y hierva los macarrones unos 10 minutos o hasta que estén «al dente». • Corte el jamón en tiras. Lave el cebollino y píquelo. Bata los huevos y vuelva a batirlos con la crema. Pele la cebolla, rállela e incorpórela a la mezcla de huevos y crema. Añada la sal, la pimienta, el cebollino y el jamón. • Escurra los macarrones, escúrralos en un colador, páselos por agua fría y deje que se sequen extendidos sobre un lienzo. • Ponga a hervir agua en una cazuela amplia en la que quepa el molde. • Unte el molde con abundante mantequilla y revístalo con macarrones disponiéndolos en círculo, empezando por el centro de la base. Corte el resto de la pasta en trozos y mézclelos con los huevos. • Rellene el molde revestido de macarrones con la mezcla de pasta y huevos, tápelo y cueza a fuego lento el timbal de macarrones al baño maría durante 1½ hora, procurando que el agua sólo se agite ligeramente y que no sobrepase dedos por debajo del borde del molde. • Antes de servir el timbal, destape el molde, coloque sobre él una fuente redonda precalentada y voltéelo para que caiga sobre la fuente. • Este plato se acompaña con una salsa de tomate con hierbas frescas.

Lasaña al horno

Si colorea de verde su pasta casera, puede preparar la «Lasaña verde al horno»

Ingredientes para 6 personas:
Para el ragú:
2 cebollas · 2 zanahorias
2 tallos de apio
100 g de tocino ahumado
300 g de carne picada mezclada
50 g de mantequilla
½ taza de vino tinto
1½ taza de caldo de carne caliente
1 cucharada de tomate concentrado
1 pizca de sal y pimienta negra recién molida
⅛ l de leche hirviendo
Para la salsa bechamel:
50 g de mantequilla
50 g de harina
½ l de leche
1 pizca de sal y pimienta blanca recién molida
1 pizca de nuez moscada rallada
Para la lasaña:
300 g de harina · 3 huevos
1 pizca de sal
4 l de agua
1 cucharadita de sal
1 cucharada de aceite
200 g de queso Mozzarella
Para cubrir:
4 cucharadas de queso parmesano rallado
2 cucharadas de mantequilla

Especialidad italiana

Por persona, unos 3 650 kJ/ 870 kcal · 32 g de proteínas 60 g de grasas · 52 g de hidratos de carbono

Tiempo de preparación: 2 horas
Tiempo de horneado: 30-40 min

Pele las cebollas, raspe las zanahorias, lave el apio y séquelo. Pique muy finamente todas las verduras y el tocino y mézclelo todo con la carne en un cuenco. • Caliente la mantequilla. Añada carne y fríala removiéndola hasta que pierda color. Vierta el vino tinto y deje que se evapore en el recipiente destapado. Añada después una taza de caldo caliente y cuézalo todo hasta que el líquido se haya evaporado a su vez. • Mezcle el resto del caldo con el tomate concentrado, añádalo a la salsa y condiméntela con sal y pimienta. Incorpore la leche y deje cocer el ragú aproximadamente 1½ horas a fuego muy fuerte; procure remover de cuando en cuando. • Para la bechamel, derrita la mantequilla en un cazo, dore un poco la harina e incorpore la leche sin dejar de remover. Condimente la salsa con la sal, la pimienta y la nuez moscada, deje que dé un hervor y cuézala luego unos minutos a fuego lento. • Con la harina, los huevos la sal y, eventualmente, un poco de agua, elabore una pasta lisa y maleable haga con ella una bola, tápela con un lienzo humedecido y déjela reposar durante 1 hora. • Extienda la pasta muy finamente sobre la superficie de trabajo enharinada y corte láminas de pasta de un tamaño de unos 15 × 7 cm. • Lleve a ebullición el agua. Añada la sal y el aceite. Hierva las láminas de lasaña por tandas durante unos 4 minutos y dispóngalas luego sobre un lienzo, una al lado de la otra. • Corte la Mozzarella en dados pequeños. • Precaliente el horno a 180 °C. Unte con mantequilla una fuente para gratinar. • Disponga en ella una capa de pasta. Distribuya por encima el ragú y la bechamel a cucharaditas. Intercale trocitos de Mozzarella. Esparza un poco de parmesano rallado y muela pimienta por encima. Cubra el ragú con una capa de pasta y ésta, a su vez, con capas de ragú y bechamel, hasta que lo haya utilizado todo. Cubra con bechamel la última capa de pasta. Esparza por encima el resto del parmesano y distribuya la mantequilla en trocitos. • Hornee la lasaña de 30 a 40 minutos hasta que se forme una capa dorada.

Lasaña con espinacas

Hojas tiernas de espinacas y tomates carnosos como relleno delicado

700 g de espinacas · 1 l de agua
½ cucharadita de sal
4 cucharadas de mantequilla
50 g de harina · ¼ l de leche
1 pizca de nuez moscada rallada y pimienta blanca
100 g de queso pecorino (queso de oveja) · 100 g de queso crema
2 tomates carnosos grandes
250 g de lasaña · 2½ l de agua
1 cucharadita de sal
1 cucharada de aceite de oliva
½ cucharadita de orégano seco
Para el molde: aceite de oliva

Especialidad italiana

Por persona, unos 2 600 kJ/ 620 kcal · 24 g de proteínas 27 g de grasas · 67 g de hidratos de carbono

Tiempo de preparación: 45 min
Tiempo de horneado: 30 min

Prepare las espinacas, lávelas, escáldelas 2 minutos en agua salada y escúrralas. • Derrita la mantequilla en un cazo. Dore la harina y vierta la leche y el agua de la cocción. Condimente la salsa bechamel con la nuez moscada y la pimienta y agréguele el queso crema troceado. • Desmenuce el queso de oveja. Lave los tomates y córtelos. • Hierva la pasta «al dente», en el agua y déjela escurrir. • Precaliente el horno a 200 °C. Unte con aceite una fuente para gratinar, coloque en ella una capa de pasta, luego una de espinacas y, sobre éstas, una de rodajas de tomate. Esparza sobre el tomate orégano y queso de oveja. Vierta por encima salsa bechamel. Haga lo mismo con la segunda capa. Coloque al final las últimas láminas de pasta y vierta sobre la lasaña la salsa. • Hornee la lasaña en el horno durante 30 minutos.

Lasaña con col rizada

Una variante original

500 g de col rizada
1 cucharadita de sal · 1 cebolla
1 diente de ajo
3 cucharadas de aceite
400 g de carne picada mezclada
½ cucharadita de tomillo seco
1 pizca de pimienta negra
2½ l de agua · 1 cucharadita de sal · 250 g de lasaña
3 cucharadas de mantequilla y harina · ½ l de leche
125 g de requesón cremoso a las hierbas · 4 tomates carnosos
100 g de queso de oveja
Para el molde: mantequilla

Fácil

Por persona, unos 3 690 kJ/ 880 kcal · 43 g de proteínas 48 g de grasas · 71 g de hidratos de carbono

Tiempo de preparación: 1 hora
Tiempo de horneado: 40 min

Corte la col rizada en tiras, escáldela 2 minutos en agua hirviendo con ½ cucharadita de sal y déjelas escurrir; reserve ¼ l del agua de cocción. • Pele la cebolla y el ajo, píquelos y sofríalos con la carne picada en aceite, sazone luego el tomillo, la sal y la pimienta. • Hierva la pasta por tandas con la sal y 1 cucharada de aceite unos 5 minutos, luego déjela escurrir. • Prepare la salsa dorando en la harina, la mantequilla, vierta luego el agua de cocción de la col y la leche e incorpore el requesón. Mezcle la mitad de la salsa con la col. Corte los tomates en rodajas. Desmenuce el queso de oveja. • Unte con mantequilla una fuente refractaria. Cubra la base del molde con un poco de salsa. Disponga por capas la pasta, la col, el relleno de carne, las rodajas de tomate y el queso. Cubra con salsa la última capa de pasta. • Meta la lasaña en el horno frío y hornéela 40 minutos a 200 °C.

Lasaña integral

Una máquina para pasta es especialmente útil a la hora de amasar y extender la pasta elaborada a base de harina integral

Ingredientes para 6 personas:
250 g de harina de trigo integral
1½ cucharadita de sal gorda
2 huevos · 2 cucharadas
de aceite de girasol
½ taza de aceite de oliva (1 dl)
400 g de carne picada mezclada
50 g de trigo triturado
½ cucharadita de pimienta negra
¼ l de agua · 1 dl de crema
de leche · 500 g de puerros
2 cucharaditas de pimentón
dulce · 100 g de champiñones
4 cucharadas de perejil picado
200 g de queso Emmenthal
rallado
50 g de queso parmesano
rallado · 500 g de tomates
3 cucharadas de mantequilla

Receta integral

Por persona, unos 3 270 kJ/ 780 kcal · 34 g de proteínas 59 g de grasas · 30 g de hidratos de carbono

Tiempo de preparación: 2 horas
Tiempo de horneado: 30 min

Amase la harina con ½ cucharadita de sal, los huevos y el aceite y deje reposar. • Prepare el puerro, córtelo a lo largo, lávelo y córtelo en trozos. Limpie los champiñones, córtelos en rodajitas y sofríalos con el puerro en el aceite de oliva 5 minutos. Añada la carne picada, el trigo triturado, el resto de la sal y la pimienta y deje sofreír; vierta el agua y deje cocer 5 minutos. • Agregue la crema de leche, el pimentón y el perejil. Deje que la salsa se espese. • Mezcle los quesos rallados. Corte los tomates en rodajas. • Extienda la pasta hasta que quede fina y córtela en rectángulos. Cueza por partes la lasaña durante 4 minutos, déjela luego escurrir. • Precaliente el horno a 200 °C. Engrase un molde para gratinar con 1 cucharada de mantequilla y cubra el fondo con láminas de pasta. Disponga por capas el relleno, las rodajas de tomate, el queso y la pasta. Cúbralo todo con trocitos de mantequilla. • Hornee la lasaña durante 30 minutos.

Gratines delicados

De cómo puede hacer maravillas con las reservas almacenadas en la cocina

Gratín de espirales
A la izquierda de la foto

3 l de agua
1½ cucharaditas de sal
1 cucharadita de aceite
300 g de espirales
300 g de guisantes congelados
200 g de calabacín
100 g de salami en rodajas finas
4 cucharadas de aritos de cebollino
1 dl de crema de leche agria
2 huevos
½ cucharadita de sal
50 g de queso fontina rallado
2 cucharadas de mantequilla
Para el molde: mantequilla

Fácil • Económica

Por persona, unos 2 680 kJ/ 640 kcal · 28 g de proteínas 29 g de grasas · 67 g de hidratos de carbono

Tiempo de preparación: 20 min

Tiempo de horneado: 30 min

Ponga a hervir el agua con la sal y el aceite. Hierva los espirales unos 8 minutos hasta que estén «al dente». • Deje cocer los guisantes 5 minutos con 4 cucharadas de agua y 1 pizca de sal. Lave el calabacín, séquelo y trocéelo. • Precaliente el horno a 200 °C. Unte una fuente para gratinar con mantequilla. • Ponga a escurrir la pasta en un colador. Corte el salami en daditos. Mezcle la pasta escurrida con los guisantes, los trozos de calabacín, el salami y el cebollino y échelo todo en el molde. • Bata ligeramente la crema con los huevos y la sal y viértela sobre la preparación. Espolvoree con el queso y coloque encima la mantequilla en trocitos. • Gratine en el centro del horno durante 30 minutos.

Gratín de pasta con jamón
A la derecha de la foto

3 l de agua
1 cebolla grande
300 g de pasta a elección, como horquillas, espirales u otro tipo de pasta corta
1½ cucharaditas de sal
300 g de jamón dulce
½ l de leche
2 huevos
½ cucharadita de maicena
1 pizca de nuez moscada recién rallada
4 cucharadas de pan rallado
4 cucharadas de queso Emmenthal recién rallado
2 cucharadas de mantequilla
Para el molde: mantequilla

Económica • Fácil

Por persona, unos 3 400 kJ/ 810 kcal · 40 g de proteínas 38 g de grasas · 77 g de hidratos de carbono

Tiempo de preparación: 30 min
Tiempo de horneado: 40 min

Ponga a hervir el agua. Pele la cebolla. Eche la pasta en el agua hirviendo y añada la cebolla y la sal. Hierva la pasta hasta que esta «al dente». • Quite el borde de grasa al jamón y córtelo en trozos pequeños. Bata ligeramente la leche con los huevos, la maicena, la nuez moscada y 1 pizca de sal. • Unte con mantequilla una fuente para gratinar. Deje escurrir la pasta en un colador y dispóngala por capas en el molde con el jamón. Vierta por encima la mezcla de leche y huevos. Mezcle el pan rallado con el queso y esparza la mezcla sobre la pasta. Distribuya por encima la mantequilla en trocitos. • Meta el molde en el centro del horno frío y gratine unos 40 minutos a 225 °C.

Gratín de pasta con salami

Un plato de pasta para personas ocupadas que apenas da trabajo

400 g de espaguetis
4 l de agua
2 cucharaditas de sal
1 lata pequeña de tomates pelados (400 g)
1 cucharadita de orégano seco
1 pizca de pimienta blanca recién molida
2 cebollas
1 diente de ajo
50 g de salami en rodajas finas
2 dl de crema de leche agria
1 cucharada de aceite de oliva
3 cucharadas de queso parmesano recién rallado
2 cucharadas de pan rallado
Para el molde: aceite de oliva

Económica • Fácil

Por persona, unos 2 680 kJ/ 640 kcal · 26 g de proteínas 21 g de grasas · 91 g de hidratos de carbono

Tiempo de preparación: 20 min
Tiempo de horneado: 30 min

Hierva los espaguetis unos 8 minutos en el agua salada o hasta que estén «al dente». • Aplaste los tomates en su propio jugo y condiméntelos con el orégano, un poco de sal y la pimienta. Pele las cebollas y córtelas en aros finos. Pele y pique el diente de ajo. • Precaliente el horno a 200 °C. Pincele una fuente para gratinar con aceite de oliva. • Deje escurrir los espaguetis, póngalos en la fuente engrasada y cúbralos con el puré de tomate. Reparta por encima los aros de cebolla. Cubra con las rodajas de salami. Bata la crema agria con el ajo y el aceite y viértala sobre el molde. Mezcle el queso con el pan rallado y espárzalo por encima. • Gratine en el centro del horno unos 30 minutos, o hasta que se haya formado una costra dorada. • Este plato se acompaña con una ensalada variada, aderezada con hierbas frescas.

Gratín de pasta al Gruyère

La mitad de la receta es una guarnición especial para unas chuletas

4 l de agua
400 g de pasta a elección, como macarrones, tallarines o espirales
2 cucharaditas de sal
1 cucharada de aceite
400 g de queso Gruyère
¼ l de crema de leche
1 pizca de sal y nuez moscada recién rallada
1 yema
2 cucharadas de mantequilla
2 cucharadas de perejil picado

Fácil

Por persona, unos 4 200 kJ/ 1 000 kcal · 42 g de proteínas 59 g de grasas · 74 g de hidratos de carbono

Tiempo de preparación: 25 min
Tiempo de horneado: 30 min

Ponga a hervir el agua. Eche en ella la pasta, la sal y el aceite. Hierva la pasta hasta que esté «al dente» y déjala escurrir en un colador. • Ralle el queso. Bata la crema con la sal y la nuez moscada. Incorpórele la yema de huevo. • Unte una fuente refractaria con un poco de mantequilla. Disponga la pasta escurrida y el queso por capas. Cubra con la crema la última capa de pasta y reparta por encima el resto de la mantequilla troceada. • Meta el molde en el centro del horno frío. Gratine la pasta durante 30 minutos a 200 °C, hasta que se dore. • Antes de servir el gratín, esparza por encima el perejil. • Acompañe la pasta con un ensalada verde.

Nuestra sugerencia: En vez de Gruyère, puede emplear Emmenthal o Gouda seco.

Nidos de pasta con brotes de soja

Un plato refinado, fácil y de rápida preparación

200 g de fideos integrales
2 l de agua
1 cucharadita de sal
150 g de brotes de soja
6 huevos
½ cucharadita de albahaca y tomillo secos
2 pizcas de curry en polvo
2 cucharadas de salsa de soja
8 hojas pequeñas de lechuga
50 g de mantequilla
200 g de queso Emmenthal en 4 lonchas
50 g de jamón crudo en 8 lonchas pequeñas
8 hojitas pequeñas de albahaca

Receta integral

Por persona, unos 2 810 kJ/ 670 kcal · 35 g de proteínas 41 g de grasas · 38 g de hidratos de carbono

Tiempo de preparación: 30 min

Hierva la pasta 5 minutos en el agua salada hirviendo a borbotones, escúrrala en un colador, enfríela bajo el agua del grifo y déjela escurrir. • Enjuague los brotes poniéndolos en un colador bajo el agua corriente fría y déjelos escurrir igualmente. • Hierva 4 huevos durante 5 minutos, sumérjalos en agua fría, déjelos enfriar un poco, pélelos y córtelos por la mitad a lo largo. • Mezcle la pasta y los brotes con las hierbas, el curry, la salsa de soja y los huevos restantes. • Lave las hojas de lechuga, séquelas y repártalas en 4 platos. • Derrita la mantequilla en 2 sartenes. Distribuya en éstas 8 montoncitos de la pasta y presiónelos para ahuecarlos en el centro. Corte las lonchas de queso en diagonal por la mitad y, junto con las lonchas de jamón, colóquelas sobre los nidos de pasta, presionándolas en el centro. Ponga sobre cada loncha ½ huevo cocido con la parte del corte hacia arriba. Doble sobre el huevo las lonchas de queso y jamón formando una especie de bolsita. • Fría los nidos de pasta unos 10 minutos a fuego lento y sírvalos luego sobre las hojas de lechuga lavadas. Coloque las hojitas de albahaca sobre las yemas.

Pasta gratinada con champiñones y berenjenas

Adecuada para agasajar a los invitados, pues un gratín puede prepararse, también, por todo lo alto

Gratín de pasta con champiñones

A la izquierda de la foto

250 g de pasta (coditos o espirales) · 2½ l de agua
1 cucharadita de sal · 250 g de brécoles · 1 diente de ajo
250 g de champiñones
2 cucharadas de aceite
2 huevos · ½ l de leche
1 pizca de sal, pimentón en polvo y nuez moscada rallada
125 g de queso parmesano rallado
1 cucharada de almendras fileteadas, semillas de sésamo y mantequilla derretida
Para el molde: mantequilla

Fácil

Por persona, unos 2 600 kJ/ 620 kcal · 32 g de proteínas 29 g de grasas · 57 g de hidratos de carbono

Tiempo de preparación: 30 min
Tiempo de horneado: 40 min

Hierva la pasta «al dente». • Lave los brécoles. Sepárelos en ramitos, pele los tallos y córtelos en rodajitas finas. Lave los champiñones y córtelos en rodajitas. Pele el ajo y sofríalo en 1 cucharada de aceite. Añada los brécoles y fríalos a fuego lento durante 3 min; sáquelos de la sartén. • Caliente el resto del aceite y dore los champiñones. • Escurra la pasta. • Precaliente el horno a 225 °C. Unte una fuente para gratinar con mantequilla. • Disponga la pasta por capas con los brécoles y los champiñones. Separe las claras de las yemas. Bata la leche con la sal, el pimentón, la nuez moscada, las yemas y el parmesano. Incorpore las claras batidas. • Reparta la salsa en la fuente. Esparza sobre las almendras fileteadas el sésamo. Rocíe con la mantequilla líquida y hornee unos 40 min.

Gratín de macarrones y berenjenas

A la derecha de la foto

Ingredientes para 6 personas:
3 berenjenas · 1 cucharada de sal
400 g de macarrones largos
1 manojo de cebollas tiernas
2 zanahorias · 4 l de agua
150 g de apio nabo
1 tallo de tomillo
⅛ l de aceite de oliva
1 lata grande de tomates pelados
100 g de queso de oveja rallado
150 g de queso Mozzarella

Elaborada

Por persona, unos 3 480 kJ/ 830 kcal · 24 g de proteínas 40 g de grasas · 91 g de hidratos de carbono

Tiempo de preparación: 1 hora
Tiempo de horneado: 30 min

Corte las berenjenas en rodajas de 1 cm de grosor; déjelas reposar 20 min espolvoreadas con sal. • Parta la pasta en trozos y hiérvala «al dente». • Prepare las cebollas y píquelas con las zanahorias raspadas y el apio nabo pelado. Pique el tomillo y fríalo con las verduras en 2 cucharadas de aceite. Añada los tomates aplastados y deje que la salsa se evapore un poco. • Precaliente el horno a 220 °C. • Lave las rodajas de berenjena con agua corriente fría, séquelas y dórelas en el aceite restante; escurra la grasa. • Ponga la mitad de los macarrones en una fuente refractaria grande untada con mantequilla, mézclelos con 2 cucharadas de queso rallado y vierta por encima la salsa de tomate. Disponga sobre el tomate las rodajas de berenjena. Coloque por capas el resto de la pasta y, por último, las berenjenas restantes. Cubra la preparación con lonchas de Mozzarella y gratínela unos 30 min.

Combinaciones de pasta con verduras

Las sobras frías de estos gratines también están deliciosas

Gratín de pasta integral al hinojo
Al fondo de la foto

500 g de hinojo · 2½ l de agua
250 g de pasta integral (coditos)
1 cucharadita de sal
¼ l de crema de leche agria
2 cucharadas de harina de trigo integral · 4 huevos
6 cucharadas de tomate concentrado
2 pizcas de hierbas secas mezcladas y pimienta blanca
2 cucharaditas de sal de hierbas
4 cucharadas de perejil picado
50 g de mantequilla
200 g de queso Gouda en lonchas

Receta integral • Económica

Por persona, unos 3 480 kJ/ 830 kcal · 36 g de proteínas 50 g de grasas · 58 g de hidratos de carbono

Tiempo de preparación: 25 min
Tiempo de horneado: 30 min

Prepare el hinojo, límpielo, córtelo en cuartos a lo largo y diagonalmente en rodajas finas. Reserve unas hojitas verdes. Hierva la pasta unos 8 min con el hinojo en el agua hirviendo salada «al dente», échela en un colador, póngala un poco bajo el agua corriente fría y déjela escurrir. • Bata los huevos con la crema de leche, la harina, el tomate concentrado, las especias y 2 cucharadas de perejil picado. • Precaliente el horno a 180 °C. Unte con mantequilla una fuente refractaria. • Ponga dentro la pasta con el hinojo. Vierta la mezcla de huevo y crema y hornee 20 min. • Reparta las lonchas de queso sobre el molde, disponga la mantequilla en trocitos por encima y gratine otros 10 min. • Antes de servir, espolvoree el gratín con el perejil restante y las hojitas de hinojo picadas.

Gratín de pasta con tomates
En primer plano de la foto

250 g de tallarines
2½ l de agua · 2 huevos
1 cucharadita de sal
⅛ l de leche
1 manojo de hierbas variadas como perifollo, estragón, eneldo y salvia · 3 tomates carnosos
3 cucharadas de mantequilla
⅛ l de crema de leche
100 g de jamón dulce sin grasa · 1 bulbo de hinojo
1 dl de crema de leche espesa
1 petit suisse grande al natural
1 pizca de sal y pimienta blanca recién molida
2 cucharadas de pan rallado

Fácil • Económica

Por persona, unos 3 310 kJ/ 790 kcal · 25 g de proteínas 46 g de grasas · 70 g de hidratos de carbono

Tiempo de preparación: 30 min
Tiempo de horneado: 20-30 min

Hierva la pasta en el agua salada «al dente». • Prepare el bulbo de hinojo; reserve algunas hojas verdes. Corte primero el hinojo en rodajas y, después, en tiras muy finas. Corte los tomates en rodajas. Lave las hierbas con las hojas de hinojo, séquelas y píquelas. Fría las tiras de hinojo en 1 cucharada de mantequilla; añada la crema y las hierbas. Corte el jamón en trocitos pequeños e incorpórelo igualmente. • Precaliente el horno a 200 °C. Unte con 1 cucharada de mantequilla una fuente refractaria. • Disponga por capas la pasta escurrida, el hinojo y los tomates en la fuente. • Bata ligeramente la crema con el petit suisse, la leche y los huevos, salpimente y vierta sobre la fuente. Esparza el pan rallado y el resto de la mantequilla en trocitos. • Gratine la preparación de 20 a 30 min.

Gratín de pasta con salmón ahumado

Un plato original

Ingredientes
250 g de pasta pequeña (horquillas o lacitos)
2½ l de agua
1 cucharadita de sal
6 huevos
¼ l de crema de leche
⅛ l de leche
1 pizca de sal y pimienta blanca recién molida
150 g de queso Gruyère recién rallado
½ cucharadita de pimentón dulce
150 g de salmón ahumado
1 manojo de cebollino
Para los moldes: mantequilla

Coste medio

Por persona, unos 3 100 kJ/ 740 kcal · 42 g de proteínas 41 g de grasas · 48 g de hidratos de carbono

Tiempo de preparación: 30 min
Tiempo de horneado: 30 min

Hierva la pasta en el agua salada unos 6 minutos hasta que esté «al dente», póngala luego unos instantes en un colador bajo el agua corriente fría y déjela escurrir. • Separe las claras de las yemas. Bata ligeramente las yemas con la crema, la leche, la sal y la pimienta. Bata las claras a punto de nieve. Agregue a la mezcla de yemas y crema la mitad del queso rallado y el pimentón e incorpore las claras batidas. • Corte el salmón en trozos pequeños. Lave el cebollino, séquelo y píquelo. Mezcle la pasta con el salmón y el cebollino y salpimente. • Precaliente el horno a 180 °C. Unte bien con mantequilla 4 moldes pequeños refractarios. • Ponga la pasta en los moldes, vierta por encima la mezcla de huevos y cubra con el resto del queso. • Dore el gratín en el centro del horno durante 30 minutos. • Este plato se acompaña bien con tiras de hinojo en salsa de vino blanco o con una ensalada de tomate con albahaca.

Nuestra sugerencia: Con pasta verde o mezclando pasta de tres colores, este gratín constituye un festín para la vista.

Timbal de macarrones

Una forma especial de servir la pasta

200 g de harina de trigo integral	
20 g de harina de soja fina	
½ cucharadita de sal · 1 huevo	
100 g de mantequilla · 1 kg de tomates	
3 dientes de ajo	
4 cucharadas de aceite de oliva	
2 cucharaditas de albahaca y mejorana recién picadas	
1 pizca de pimienta negra	
200 g de macarrones largos integrales	
2 l de agua · 1 cucharadita de sal	
75 g de aceitunas negras	
150 g de queso pecorino (queso de oveja)	
1 cucharada de mantequilla	

Receta integral

Por persona, unos 3 900 kJ/ 930 kcal · 32 g de proteínas 53 g de grasas · 78 g de hidratos de carbono

Tiempo de preparación: 50 min
Tiempo de horneado: 40 min

Prepare una pasta maleable con la harina, la sal, el huevo y la mantequilla, forme con ella una bola y déjela tapada en lugar frío. • Pele y trocee los tomates. Pele los dientes de ajo, píquelos y fríalos en el aceite hasta que se ablanden. Añada los tomates, las hierbas y la pimienta y deje cocer 15 minutos hasta que la mayor parte del líquido se haya evaporado. • Trocee los macarrones, hiérvalos unos 8 minutos en el agua salada y viértalos en un colador. • Deshuese las aceitunas y píquelas. Ralle el queso finamente. Mezcle la pasta, las aceitunas y el queso con la salsa de tomate. • Engrase un molde hondo refractario. Precaliente el horno a 180 °C. • Extienda la pasta hasta que esté fina. Corte una cubierta de pasta del tamaño del borde superior del molde. Revista el molde con pasta y haga un agujero en la tapa. Distribuya por encima la mantequilla troceada. • Dore el timbal 40 minutos en el horno.

Pizza de pasta

Como es natural, la inspiración de esta receta viene de Italia

Ingredientes para 8 personas:	
500 g de espaguetis de soja	
2 cucharaditas de sal	
2 pimientos verdes	
200 g de salami en rodajas finas	
500 g de tomates · 8 huevos	
⅜ l de leche · 5 l de leche	
1 cucharada de maicena	
100 g de queso parmesano rallado	
2 cucharaditas de hierbas italianas, pimentón dulce en polvo y albahaca picada	
1 cucharadita de sal	
300 g de queso Emmenthal	
Unas 4 cucharadas de aceite de oliva	
2 cucharadas de perejil picado	
Para los moldes: mantequilla	

Receta integral •Fácil

Por persona, unos 2 940 kJ/ 700 kcal · 37 g de proteínas 40 g de grasas · 41 g de hidratos de carbono

Tiempo de preparación: 40 min
Tiempo de horneado: 30 min

Hierva la pasta 8 minutos en el agua salada. • Cuartee los pimientos a lo largo, límpielos, córtelos en tiras finas y añada éstas a la pasta durante los 2 últimos minutos de cocción. Vierta luego ambos en un colador, póngalos unos instantes bajo el agua fría corriente y déjelos escurrir. • Unte generosamente dos moldes refractarios. Precaliente el horno a 180 °C. Reparta la mezcla de pasta en los moldes. Coloque las rodajas de salami. Lave los tomates, córtelos en rodajas finas y coloque éstas sobre el embutido. Bata ligeramente los huevos con la leche, la maicena, el parmesano y las especias y vierta sobre los tomates. Ralle el Emmenthal groseramente y espárzalo por encima. Vierta el aceite sobre las pizzas. • Hornéelas unos 30 minutos y espolvoréelas con el perejil.

Platos deliciosos con macarrones

En un molde rectangular, los macarrones pueden disponerse por capas, estirados uno al lado del otro

Gratín de macarrones

A la izquierda de la foto

Ingredientes para 6 personas:
600 g de escalopes de ternera
1 cucharada de mantequilla
4 cucharadas de aceite
2 hojas de laurel · 5 huevos
⅛ l de vino blanco seco
½ dl de crema de leche espesa
1 petit suisse grande al natural
1 pizca de sal y pimienta blanca
1 cucharadita de estragón seco
400 g de macarrones largos
4 l de agua · 2 cucharaditas de sal · 150 g de queso Emmenthal
1 cebolla · ¼ l de crema de leche · 1 manojo de perejil

Elaborada

Por persona, unos 3 940 kJ/ 940 kcal · 47 g de proteínas 51 g de grasas · 62 g de hidratos de carbono

Tiempo de preparación: 1 hora
Tiempo de horneado: 40-45 min

Corte los escalopes en trozos grandes. Caliente la mantequilla con 2 cucharadas de aceite. Sofría la carne. Añada las hojas de laurel y el vino. • Rehogue la carne con el recipiente tapado durante 30 min; déjela enfriar, redúzcala a puré. Mezcle la carne con la crema de leche espesa, el petit suisse y 1 huevo y condiméntela con la sal, la pimienta y el estragón. • Cueza los macarrones «al dente» y déjelos escurrir; mézclelos con el resto del aceite. Ralle el queso. • Precaliente el horno a 200 °C. Recubra una fuente refractaria engrasada con la mitad de la pasta, extienda sobre ella la mezcla de carne y esparza las hojitas de perejil. Pele la cebolla, trocéela y, junto con la mitad del queso, dispóngala sobre la carne. Añada la última capa de macarrones. • Bata los huevos restantes con la crema de leche y condimente con sal y pimienta; viértalos sobre la pasta. • Hornee 30 min, añada luego el queso restante y gratine de 10 a 15 min.

Gratín de macarrones integrales con espinacas

A la derecha de la foto

250 g de macarrones integrales radita de sal
1 cucharadita de aceite
1½ kg de espinacas · 1 cebolla
2 dientes de ajo · 50 g de mantequilla · 1 cucharadita de sal
40 g de harina de trigo integral
⅛ l de caldo de verduras caliente (instantáneo) · 2½ l de agua
¼ l de crema de leche
150 g de queso Gouda
1 pizca de pimienta blanca

Receta integral

Por persona, unos 3 310 kJ/ 790 kcal · 34 g de proteínas 42 g de grasas · 65 g de hidratos de carbono

Tiempo de preparación: 45 min
Tiempo de horneado: 35 min

Hierva la pasta hasta que esté «al dente», échela en un colador y déjela escurrir. • Lave las espinacas, escáldelas 2 min y déjelas escurrir. • Pele la cebolla y los dientes de ajo, píquelos y fríalos en la mantequilla. Dore la harina y vierta el caldo y la crema de leche. Removiendo siempre, lleve la salsa a ebullición. Ralle el queso, déjelo derretir en la salsa y condimente ésta con sal y pimienta. • Precaliente el horno a 200 °C. • Eche la mitad de los macarrones en una fuente refractaria engrasada, disponga sobre ellos las espinacas y ⅓ de la salsa de queso. Recúbralo todo con el resto de la pasta y de la salsa de queso. • Hornee 35 min.

Gratín ruso con pasta y requesón

Es una comida opípara, cremosa y sabe inolvidablemente bien

2½ l de agua
250 g de tallarines anchos
1 cucharadita de sal
3 cucharadas de aceite
200 g de jamón graso en lonchas finas · 2 cebollas
½ cucharadita de mejorana seca
500 g de requesón (20 % de m. g.) · 2 huevos
⅛ l de crema de leche
1 pizca de pimienta blanca recién molida
75 g de mantequilla
4 cucharadas de pan rallado
2 cucharadas de perejil picado

Especialidad

Por persona, unos 4 620 kJ/ 1 100 kcal · 35 g de proteínas 74 g de grasas · 64 g de hidratos de carbono

Tiempo de preparación: 35 min
Tiempo de horneado: 40 min

Ponga a hervir el agua. Añada la pasta, la sal y 1 cucharadita de aceite. Hierva los tallarines hasta que estén «al dente», échelos luego en un colador y déjelos escurrir bien. • Corte el jamón en tiras finas. Pele y pique las cebollas. Caliente el resto del aceite en una sartén, dore las tiras de jamón y los trocitos de cebolla y mezcle luego esto con la pasta y la mejorana. • Bata en un cuenco el requesón con los huevos y la crema y condimente generosamente con la sal y la pimienta. • Precaliente el horno a 180 °C. Unte con mantequilla una fuente refractaria. • Reparta en el molde ⅓ de la pasta, extienda por encima la mitad de la mezcla de requesón, cubra éste con pasta, luego extienda sobre ella el resto del requesón y la pasta restante. Caliente el resto del azúcar. Retire el recipiente del fuego e incorpore el pan rallado. Espolvoree con ello la pasta. • Hornee el gratín en el centro del horno unos 30 minutos. Ponga luego el horno a 250 °C y gratine otros 10 minutos en el nivel superior del horno. • Sirva el gratín espolvoreado con el perejil.

Sustanciosas especialidades gratinadas

Quien prefiera saborear la pasta sin carne, puede elegir entre estos platos

Gratín turco de pasta
Al fondo de la foto

3 l de agua
1 cucharadita de sal
300 g de macarrones largos
50 g de mantequilla
3 cucharadas de azúcar
½ l de leche · 3 huevos
1 pizca de pimienta blanca recién molida
50 g de nueces picadas
50 g de queso de oveja o pecorino
Para el molde: mantequilla

Especialidad

Por persona, unos 2 680 kJ/ 640 kcal · 23 g de proteínas 31 g de grasas · 68 g de hidratos de carbono

Tiempo de preparación: 35 min
Tiempo de horneado: 30 min

Lleve a ebullición el agua. Añada la sal y la pasta. Hierva los macarrones 10 minutos hasta que estén «al dente», échelos luego en un colador, póngalos unos instantes bajo el agua corriente fría; déjelos escurrir. • Derrita la mantequilla. Incorpore la harina removiendo y dórela un poco. Vaya añadiendo, poco a poco, la leche sin dejar de remover. Deje cocer la salsa unos 10 minutos a fuego lento, retírela luego del fuego y déjela enfriar un poco. • Conecte el horno a 200 °C. • Bata ligeramente los huevos con la pimienta e incorpórelos a la salsa. • Vierta un poco de salsa en una fuente refractaria engrasada, reparta la pasta por encima y esparza las nueces. Vierta por encima el resto de la salsa y espolvoree con el queso. • Dore el gratín 30 minutos. • Sirva el gratín caliente. • Acompañe con una ensalada de tomate con aros de cebolla y aceitunas negras.

Gratín de cebolla y macarrones
En primer plano de la foto

2½ l de agua
1 cucharadita de sal
250 g de macarrones largos
1 kg de cebollas blancas
3 cucharadas de aceite de oliva
½ cucharadita de sal y pimienta negra recién molida
1 dl de crema de leche agria
2 cucharadas de perejil recién picado · 4 huevos
100 g de queso Emmenthal recién rallado · 1 diente de ajo
2 cucharaditas de pimentón dulce
Para el molde: mantequilla

Económica • Elaborada

Por persona, unos 2 680 kJ/ 840 kcal · 27 g de proteínas 29 g de grasas · 67 g de hidratos de carbono

Tiempo de preparación: 1 hora
Tiempo de horneado: 30 min

Ponga a hervir el agua. Añada la sal y la pasta. Hierva los macarrones 10 minutos hasta que estén «al dente», échelos luego en un colador, póngalos bajo el agua corriente fría y déjelos escurrir. • Pele la cebolla y córtela en aros finos. Pele y pique el diente de ajo. • Caliente el aceite, fría los aros de cebolla y el ajo y deje que se evapore parte del líquido en el recipiente destapado durante 10 minutos a fuego vivo. Condimente la cebolla con la sal y la pimienta. • Bata ligeramente los huevos con la crema agria y mézclelos con el perejil, el queso rallado y el pimentón en polvo. • Precaliente el horno a 200 °C. Unte con mantequilla una fuente refractaria. • Coloque primero una capa de cebollas, disponga sobre ésta los macarrones, cúbralos con cebolla y vierta el huevo. • Gratine durante 30 minutos.

«Pastítsio»

Un riquísimo y famoso gratín de macarrones con carne picada

1 cucharadita de sal
250 g de macarrones largos
2 cucharadas de mantequilla
1 clara · 2½ l de agua
2 cucharadas de queso kefalotiri recién rallado o de Gruyère
500 g de carne de buey picada
1 cucharadita de sal
1 pizca de pimienta blanca recién molida y canela en polvo
⅛ l de caldo de carne (instantáneo) · 1 cebolla grande
2 cucharadas de perejil recién picado · 4 tomates grandes
⅛ l de vino blanco seco
2 cucharadas de harina
3,5 dl de leche
1 cucharadita de sal
4 cucharadas de queso kefalotiri recién rallado, o queso de Gruyère
4 cucharadas de pan rallado
2 cucharadas de mantequilla

Elaborada · Especialidad griega

Por persona, unos 2 890 kJ/ 690 kcal · 44 g de proteínas 31 g de grasas · 54 g de hidratos de carbono

Tiempo de preparación: 1½ hora
Tiempo de horneado: 40 min

Ponga a hervir el agua con el aceite y la sal. Eche los macarrones en el agua hirviendo a borbotones, remuévalos una vez y cuézalos en la olla destapada unos 8 minutos o hasta que estén «al dente». Vierta los macarrones en un colador, póngalos unos instantes bajo el agua corriente fría y déjelos escurrir. • Derrita 1 cucharada de mantequilla en una cazuela y saltee los macarrones. Bata la clara a punto de nieve y agréguela con el queso rallado a los macarrones. Coloque la mitad de los macarrones en una fuente refractaria suficientemente alargada. Reserve el resto de los macarrones. Pele la cebolla y píquela. Derrita el resto de la mantequilla en una sartén y dore ligeramente los trozos de cebolla. Haga un corte en forma de cruz en la base curva de los tomates, escáldelos en agua hirviendo, déjelos reposar algunos minutos en el agua, póngalos luego debajo del agua fría del grifo, pélelos, procurando quitarles la parte dura del rabillo, y redúzcalos a puré pasándolos por un tamiz. Añada a la cebolla la carne de buey picada. Mézclelo todo con la sal, la pimienta y la canela en polvo y sofría hasta que la carne haya adquirido un color grisáceo. Mezcle el puré de tomate y el caldo de carne con la carne picada y déjelo cocer todo durante 15 minutos con el recipiente tapado y a fuego lento. • Precaliente el horno a 200 °C. • Incorpore el perejil y el vino a la mezcla de carne picada eche ésta en el molde encima de los macarrones. Distribuya el resto de los macarrones sobre la carne picada. • Deslía la harina en un poco de agua fría. Ponga a hervir la leche. Incorpore removiendo la harina desleída y deje cocer unos minutos sin dejar de remover. Condimente la salsa con la sal y el queso rallado y viértala sobre los macarrones. Esparza por encima el pan rallado y luego unos trocitos de mantequilla. • Cueza el pastítsio en el centro del horno unos 40 minutos. • Acompañe el gratín con una ensalada mixta francesa.

<u>Nuestra sugerencia</u>: El *pastítsio* es muy indicado cuando se tienen invitados a comer, pues es un gratín de fácil preparación. Dado que es posible disponerlo por capas en el molde horas antes de hornearlo y servirlo, puede planear su tiempo como quiera. La bebida que armoniza totalmente con el estilo de este plato es un vino tinto resinoso griego (Kokkineli), la pareja del Retsina blanco.

Gratín de pasta en cazuela de terracota

Además de en cazuela de terracota, este gratín también puede prepararse en cualquier otra fuente refractaria untada con mantequilla

Ingredientes para 6 personas:
3 cebollas
2 dientes de ajo grandes
1 puerro
1 tallo de apio
1 zanahoria · 1 manojo de perejil
50 g de mantequilla
500 g de carne de cordero picada o de ternera
½ cucharadita de sal y de pimienta negra recién molida
⅛ l de vino tinto seco
¼ l de caldo de carne caliente
3 l de agua · 1 cucharadita de sal
300 g de macarrones largos
500 g de tomates
100 g de queso kefalotiri o de queso de gruyère

Especialidad griega

Por persona, unos 2 390 kJ/ 570 kcal · 29 g de proteínas 25 g de grasas · 51 g de hidratos de carbono

Tiempo de preparación: 1¼ hora
Tiempo de horneado: 45 min

Pele las cebollas y el ajo y píquelos. Prepare el puerro y el apio, lávelos y píquelos también. Raspe la zanahoria, lávela y córtela en trozos pequeños. Quite los tallos gruesos al perejil, lávelo y píquelo. • Caliente en una cazuela la mitad de la mantequilla y sofría la cebolla hasta que esté transparente. Añada el ajo, el puerro, el apio y la zanahoria y sofríalos, también, removiendo. Añada la carne y fríala hasta que adquiera un tono grisáceo. • Agregue el perejil, la sal y la pimienta a la mezcla de carne y verduras e incorpore el vino tinto. Deje cocer la mezcla en la cazuela destapada hasta que se haya evaporado el líquido, removiendo ocasionalmente. • Vierta el caldo en la salsa de carne y prosiga la cocción 30 minutos en la cazuela destapada. • Ponga a hervir el agua. Añada la sal. Parta los macarrones por la mitad y déjelos hervir unos 8 minutos en el agua hirviendo a borbotones hasta que esté «al dente», póngalos luego debajo del agua corriente fría y déjelos escurrir. • Ponga la cazuela de terracota en agua fría. • Haga un corte en forma de cruz en la base curva de los tomates y escáldelos unos instantes en agua hirviendo, luego pélelos, córtelos en 8 trozos, quíteles la parte dura del rabillo y las pepitas y redúzcalos a puré en el robot o pasándolos por un tamiz. • Eche la mitad de los macarrones bien escurridos en la cazuela de terracota remojada. Añada sobre ellos la salsa de carne picada. Coloque, por último, otra capa de pasta, salpimente y vierta por encima el puré de tomate. • Tape la cazuela y métala en el horno frío. Conecte éste a 200 °C y hornee el gratín 30 minutos. • Ralle el queso. • Distribuya sobre el gratín el resto de la mantequilla en trocitos y el queso rallado y gratine 15 minutos con el recipiente destapado, hasta que se forme una capa dorada.

Nuestra sugerencia: Quien guste de la comida vegetariana, puede prescindir de la carne picada; en su lugar, fría en aceite de oliva 3 calabacines cortados en rodajas y coloque la verdura, aderezada con orégano seco desmenuzado, entre las dos capas de macarrones. Cubra la pasta con el puré de tomate, la mantequilla en trocitos y el queso mezclado con 2 cucharadas de pan rallado. Gratine en el molde destapado 30 minutos a 200 °C.

Gratín napolitano de macarrones

Sírvalo con un vino tinto seco italiano

| 2 cucharaditas de sal |
| 500 g de tomates · 1 cebolla |
| 1 zanahoria · 2 berenjenas |
| 1 tallo de apio · 2½ l de agua |
| ½ manojo de albahaca |
| 6 cucharadas de aceite de oliva |
| 1 pizca de pimienta negra |
| 250 g de macarrones largos |
| 1 cucharadita de sal |
| 100 g de pecorino recién rallado |
| 100 g de queso Mozzarella |
| Para el molde: mantequilla |

Especialidad italiana

Por persona, unos 2 680 kJ/ 640 kcal · 27 g de proteínas 33 g de grasas · 60 g de hidratos de carbono

Tiempo de preparación: 1¼ hora
Tiempo de horneado: 20-30 min

Lave las berenjenas, córtelas en rodajas diagonalmente, espolvoréelas con la sal y déjelas reposar 30 min. • Pele los tomates y píquelos, procurando cortar la parte dura del rabillo. • Pele la cebolla, raspe la zanahoria, prepare el apio, desprenda las hojitas de albahaca de los tallos, lávelas, séquelas y píquelas junto con todas las verduras. • Caliente 2 cucharadas de aceite de oliva en una sartén y sofría un poco las verduras, añada los tomates y condimente con la pimienta y la sal. Deje evaporar el líquido de las verduras a fuego moderado. • Lave las berenjenas, séquelas y fríalas en el resto del aceite hasta que adquieran un tono tostado; déjeles escurrir la grasa. • Trocee los macarrones y hiérvalos hasta que estén «al dente», enjuáguelos y déjelos escurrir. • Precaliente el horno a 220 °C. Unte bien con mantequilla una fuente refractaria. • Pase la salsa por un tamiz. Mezcle la pasta con la mitad de la salsa y el queso rallado; eche la mitad en el molde y cúbrala con rodajas de berenjena. Coloque sobre éstas, lonchas de mozzarella. Disponga por capas la pasta, las berenjenas y las lonchas de Mozzarella restantes; cúbralo todo con la salsa. • Hornee la preparación de 20 a 30 min.

Las mejores ensaladas de pasta

Finas combinaciones para alegres veladas

Ensaladas suizas de pasta

Enriquecen el bufé de una fiesta o constituyen una deliciosa cena veraniega

Ensalada de pasta con queso, tomate y berros

A la izquierda de la foto

| 200 g de coditos · 2 huevos |
| 2 l de agua · 1 cucharadita de sal |
| 1 cucharadita de aceite |
| 3 cucharadas de vinagre de vino |
| 1 pizca de pimienta blanca recién molida · 2 manojos de rabanitos |
| 1 cajita de berros o 1 manojo |
| ½ manojo de perejil · 4 tomates |
| 100 g de queso Emmenthal |
| 2 dl de crema de leche agria |

Fácil

Por persona, unos 1 890 kJ/ 450 kcal · 21 g de proteínas 20 g de grasas · 44 g de hidratos de carbono

Tiempo de preparación: 30 min
Tiempo de refrigeración: de 1 a 2 horas

Hierva los coditos 8 minutos en el agua hirviendo con la sal y el aceite hasta que estén «al dente», échelos luego en un colador, póngalos unos instantes bajo el agua corriente fría, escúrralos bien y condiméntelos con el vinagre, 1 pizca de sal y la pimienta. • Hierva los huevos 10 minutos, enfríelos con agua, pélelos y córtelos en rodajas. Lave los rabanitos y córtelos en rodajitas. Corte los berros, junto con el perejil, lávelos en un colador bajo el agua corriente, séquelos luego y píquelos. Lave los tomates, córtelos por la mitad, quíteles las pepitas y la parte dura del rabillo y corte cada mitad en 6 u 8 trozos. Corte el queso en daditos. Mezcle los coditos con los rabanitos, las hierbas, el queso y la crema agria. Incorpore luego los trozos de tomate y las rodajas de huevo. • Deje reposar la ensalada de 1 a 2 horas en el refrigerador, sáquela de ahí 10 minutos antes de ir a servirla.

Ensalada de frutas y queso con pasta de tres colores

A la derecha de la foto

| 250 g de pasta de colores (conchas, ñoquis, coditos o mariposas) · 2½ l de agua |
| 1 cucharadita de sal |
| 1 cucharadita de aceite |
| 250 g de yogur desnatado |
| 3 cucharadas de zumo de limón |
| 2 cucharaditas de azúcar |
| 1 pizca de sal |
| ⅛ l de crema de leche espesa |
| 200 g de queso Emmenthal |
| 75 g de nueces descascaradas |
| 250 g de uvas negras |
| 1 manzana roja · 1 pera |
| ½ cogollo de escarola |

Fácil

Por persona, unos 3 310 kJ/ 790 kcal · 29 g de proteínas 40 g de grasas · 77 g de hidratos de carbono

Tiempo de preparación: 40 min

Ponga a hervir el agua. Añádale la pasta, la sal y el aceite. Hierva la pasta de 6 a 8 minutos hasta que esté «al dente», échela luego en un colador, enjuáguela con agua fría y déjela escurrir. • Bata el yogur con el zumo de limón, el azúcar y la sal. Bata la crema de leche e incorpórela. Quite la corteza al queso y córtelo en tiras. Pique las nueces groseramente. Lave las uvas, quíteles el rabillo, córtelas por la mitad y despepítelas. Lave la pera y la manzana, séquelas, córtelas en 8 trozos, quíteles el corazón y córtelas en rodajas finas. • Mezcle la pasta con el queso, las nueces, la fruta y la salsa. • Deshoje la escarola, lávela y séquela. Cubra una fuente o 4 platos con hojas de escarola cortadas en trozos pequeños y coloque encima la ensalada de pasta.

Ensalada de pasta a la parmesana

Su punto lo dan el jamón, el queso Gorgonzola y la albahaca

Ingredientes para 6 personas:
400 g de horquillas · 4 l de agua
4 cucharadas de aceite de oliva virgen   10 aceitunas negras
150 g de jamón de Parma o serrano · 1 manojo de albahaca
150 g de queso Gorgonzola u otro queso azul suave
1 manojo de albahaca
3-4 cucharadas de vinagre de vino blanco
1 pizca de azúcar y pimienta blanca · 2 cucharaditas de sal
50 g de pistachos pelados

Especialidad italiana

Por persona, unos 2 180 kJ/ 520 kcal · 22 g de proteínas 26 g de grasas · 51 g de hidratos de carbono

Tiempo de preparación: 30 min
Tiempo de reposo: 30 min

Cueza la pasta unos 6 minutos en el agua hirviendo con la sal y 1 cucharadita de aceite de oliva, póngala luego unos instantes bajo el agua corriente fría, escúrrala y déjela enfriar. • Corte el jamón en tiras. Deshuese las aceitunas y córtelas por la mitad. Desmenuce el queso. Desprenda las hojitas de albahaca de los tallos, lávelas y córtelas en tiritas. • Bata el vinagre con 1 pizca de sal, el azúcar, la pimienta y el resto del aceite. Machaque los pistachos. • Mezcle la pasta con el queso, el jamón, las aceitunas y la albahaca. Aliñe la ensalada con la mezcla de vinagre y aceite y déjela reposar tapada por lo menos 30 minutos. Esparza los pistachos.

Nuestra sugerencia: Pruebe alguna vez esta ensalada aderezada de una manera más suave: en vez del Gorgonzola y las aceitunas, mezcle la pasta con trozos de mozzarella y bolas de melón. Para el aliño, utilice un aceite de semillas neutro y, en lugar de albahaca, toronjil.

Ensalada de pasta romana

Una opípara ensalada estival, para la cesta del picnic

Ingredientes para 6 personas:
400 g de coditos · 2 zanahorias
4 l de agua · 1 cucharadita de sal
250 g de guisantes desgranados
100 g de salami italiano en rodajas finas · 6 filetes de anchoa
2 cucharadas de aceitunas verdes rellenas y aceitunas negras
2 cucharadas de alcaparras pequeñas · 3 tomates
3 cucharadas de vinagre de vino tinto · 250 g de judías verdes
4 cucharadas de aceite de semillas
1 pizca de sal, pimienta negra y azúcar
3 cucharadas de aritos de cebollino

Elaborada

Por persona, unos 2 100 kJ/ 500 kcal · 18 g de proteínas 19 g de grasas · 62 g de hidratos de carbono

Tiempo de preparación: 1 hora
Tiempo de reposo: 1 hora

Hierva la pasta «al dente». • Raspe las zanahorias, lávelas y córtelas en rodajitas. Lave las judías, prepárelas, trocéelas y cuézalas 12 min en un poco de agua salada. Hierva las zanahorias con los guisantes 5 min. Lave los tomates, séquelos, córtelos en 8 trozos procurando quitarles las pepitas y la parte dura del rabillo. Corte el salami en tiras finas y las aceitunas verdes en rodajitas; deshuese las aceitunas negras y córtelas por la mitad. • Pique los filetes de anchoa y mézclelos con las alcaparras escurridas, el vinagre, el aceite, unas cucharadas del agua de las verduras y los condimentos. • Ponga unos instantes la pasta bajo agua, déjela escurrir y mézclela con las verduras, el tomate, el salami, las aceitunas y la salsa de la ensalada. Incorpore el cebollino. • Deje reposar la ensalada tapada 1 hora.

109

Ensalada de pasta de Amsterdam

Una ensalada ligera para las excursiones familiares o las fiestas juveniles

250 g de pasta a elección (ñoquis, coditos o espirales)	
2½ l de agua	
1 cucharadita de sal	
4 huevos duros	
6 tomates pequeños	
1 pepino pequeño	
1 pimiento rojo	
200 g de *corned-beef*	
1 pizca de sal, pimienta blanca recién molida y ajo en polvo	
1 pizca de azúcar	
2 cucharadas de vinagre de manzana	
3 cucharadas de aceite de hierbas	
½ manojo de perejil	

Económica • Fácil

Por persona, unos 2 010 kJ/ 480 kcal · 29 g de proteínas 17 g de grasas · 53 g de hidratos de carbono

Tiempo de preparación: 40 min

Tiempo de reposo: 30 min

Hierva la pasta en el agua salada de 8 a 10 minutos o hasta que esté «al dente», póngala luego unos instantes en un colador bajo el agua fría, escúrrala y déjala enfriar. • Pele los huevos y córtelos en cuartos. Lave los tomates, séquelos y córtelos igualmente en cuartos, procurando quitarles la parte dura del rabillo. Lave el pepino, córtelo en rodajas y parta éstas por la mitad. Corte por la mitad el pimiento, quítele el rabillo, las semillas y las membranas blancas, lávelo y píquelo. Corte el *corned-beef* en tiras finas. • Mezcle la sal con la pimienta, el ajo en polvo y el azúcar y bata con el vinagre y el aceite. • Mezcle la pasta con las verduras, el *corned-beef* y los huevos. Aderece la ensalada con el aliño y déjela reposar 30 minutos tapada y a temperatura ambiente. • Lave el perejil, píquelo y espárzalo sobre la ensalada antes de servirla.

Ensalada danesa de pasta

Da poco trabajo y es algo especial

2½ l de agua	
1 cucharadita de sal	
1 cucharadita de aceite	
250 g de pasta (coditos o mariposas)	
300 g guisantes y zanahorias congelados	
1 pizca de sal y pimienta negra recién molida	
2 rodajas de piña	
1 pepinillo	
250 g de jamón dulce sin grasa en un trozo	
200 g de mayonesa	
3 cucharadas de zumo de limón	
2 cucharadas de zumo de piña	
3 cucharadas de leche	
1½ cucharaditas de curry en polvo	

Económica • Fácil

Por persona, unos 3 100 kJ/ 740 kcal · 26 g de proteínas 44 g de grasas · 62 g de hidratos de carbono

Tiempo de preparación: 30 min
Tiempo de refrigeración: 1 hora

Ponga a hervir el agua. Añada la sal, el aceite y la pasta. Hierva la pasta hasta que esté «al dente», échela luego en un colador, póngala bajo el agua fría y déjela escurrir bien. • Ponga los guisantes y las zanahorias en un cazo con 4 cucharadas de agua, la sal y la pimienta, lleve a ebullición y deje cocer 4 minutos con el recipiente tapado y a fuego lento; deje luego enfriar. • Pele las rodajas de piña, córtelas por la mitad, quíteles el tronco duro central y córtelas en trozos pequeños. Pique el pepinillo y el jamón. • Bata la mayonesa con el zumo de limón, de piña y la leche. Condimente la salsa con el curry y 1 pizca de sal. • Mezcle la pasta con los ingredientes preparados y la salsa. Tape la ensalada y resérvela 1 hora en la nevera, rectifique la condimentación al gusto.

Ensalada californiana de pollo y pasta

Una insólita mezcla de pasta, carne de pollo, queso y uvas

½ pollo asado
200 g de coditos
2 l de agua · 1 cucharadita de sal
150 g de queso
Gouda joven en un trozo
1 cogollo pequeño de escarola
250 g de uvas negras
1 yogur natural
1 dl de crema de leche espesa
1 petit suisse grande natural
1 cucharada de jarabe de arce
o miel
1 manojo de hierbas variadas,
como cebolleta, albahaca
y tomillo
1 pizca de sal, pimienta blanca
recién molida y pimentón picante
El zumo de ½ limón

Coste medio

Por persona, unos 3 100 kJ/ 740 kcal · 46 g de proteínas 37 g de grasas · 53 g de hidratos de carbono

Tiempo de preparación: 45 min
Tiempo de reposo: 45 min

Pele el pollo. Desprenda la carne de los huesos y córtela en trozos pequeños. • Hierva la pasta 8 minutos en el agua salada, hasta que esté «al dente», póngala luego en un colador bajo el agua fría corriente y déjela escurrir. • Trocee el Gouda. Trocee la escarola, lávela y déjela escurrir. Lave las uvas, séquelas, quíteles los rabillos, córtelas por la mitad y despepítelas. En una fuente, mezcle la carne con la pasta enfriada, el queso, la escarola y las uvas. Bata el yogur con la crema, el petit suisse, y el jarabe de arce o la miel. Lave las hierbas, séquelas, píquelas y mézclelas con la crema, añada las especias y el zumo de limón. • Aliñe la ensalada con la salsa de yogur y déjela reposar tapada 45 minutos.

Nuestra sugerencia: En lugar de uvas, puede agregar piña a la ensalada y, si lo desea, esparcir sobre ésta unas nueces picadas.

Ensaladas de pasta con notas exóticas

Merece la pena probar alguna vez estas ensaladas, que llevan la huella de países lejanos

Ensalada india de pasta

A la izquierda de la foto

| 2 l de agua · 1 cucharadita de agua · 2 cucharadas de pasas |
| 6 cucharadas de aceite de semillas · 200 g de tallarines |
| 4 filetes de pechuga de pollo |
| 1 cucharadita de coriandro |
| 2-3 cucharaditas de curry |
| 1 pizca de pimienta blanca |
| 4 cucharadas de vino de Marsala o Jerez dulce |
| 100 g de almendras · 2 plátanos |
| 1 cucharada de zumo de limón |
| 4 cucharadas de salsa de soja |

Especialidad • Fácil

Por persona, unos 2 680 kJ/ 640 kcal · 46 g de proteínas 28 g de grasas · 47 g de hidratos de carbono

Tiempo de preparación: 1 hora
Tiempo de reposo: 2 horas

Ponga a hervir el agua. Añada la sal, 1 cucharadita de aceite y la pasta. Hierva la pasta hasta que esté «al dente», échela luego en un colador y déjela escurrir bien. • Frote la carne con ½ cucharadita de coriandro, 1 cucharadita de curry y 1 pizca de sal y la pimienta. Caliente 2 cucharadas de aceite en una sartén y sofría los filetes de pollo, añada luego el Marsala y prosiga la cocción con la sartén tapada 5 minutos a fuego lento. • Escalde las almendras, pélelas y tuéstelas en una sartén. Pele los plátanos, córtelos en rodajas y viértales el zumo de limón. Lave las pasas con agua caliente y séquelas. Corte la carne en trozos. • Para preparar la salsa de la ensalada, mezcle el resto del coriandro con el curry restante, la salsa de soja, 1 pizca de sal y el resto del aceite. • Vierta la salsa sobre la pasta, la carne con su fondo de cocción, las rodajas de plátano, las almendras y las pasas y deje reposar la ensalada en lugar frío 2 horas.

Ensalada árabe de pasta

A la derecha de la foto

| 400 g de *rigatoni* · 4 l de agua |
| 1 cucharadita de sal · 1 pepino |
| 1 frasco de calabaza agridulce |
| 100 g de queso de oveja fresco |
| ½ manojo de eneldo |
| El zurno de ½ limón |
| 1 cucharada de zumo de manzana concentrado |
| 1 yogur natural |
| 1 cucharada de mayonesa |
| 5 hojas de menta |
| 2 cucharadas de semillas de sésamo |

Especialidad • Económica

Por persona, unos 2 100 kJ/ 500 kcal · 19 g de proteínas 12 g de grasas · 81 g de hidratos de carbono

Tiempo de preparación: 20 min
Tiempo de reposo: 30 min

Hierva la pasta 8 minutos hasta que esté «al dente», póngala en un colador bajo el agua y déjela escurrir y enfriar. • Pele el pepino y trocéelo con la calabaza escurrida. Desmenuce el queso de oveja. Lave el eneldo y píquelo. • Bata el zumo de limón con el zumo de manzana, el yogur, la mayonesa y el eneldo. • Lave las hojitas de menta y córtelas en tiritas. Mezcle la pasta con los trozos de pepino y calabacín, el queso de oveja y la menta. Aliñe la ensalada con la salsa de yogur y déjela reposar 30 minutos. • Tueste las semillas de sésamo en una sartén. • Sirva la ensalada aderezada con el sésamo.

Delicadas ensaladas de pasta con pescado

Son ricas en proteínas y vitaminas y sacian el apetito

Ensalada de pasta y atún

A la izquierda de la foto

250 g de pasta (mariposas, ñoquis o conchas)
2½ l de agua
1 cucharadita de sal
1 lata de atún en aceite
100 g de gambas
2 rodajas de piña fresca
2 cucharadas de zumo de limón
1 cebolla pequeña
1 cucharada de aceite de nueces
1 pizca de sal y pimienta blanca recién molida · 1 manzana ácida
½ cucharadita de curry en polvo
1 cucharada de zumo de piña
1 cucharadita de mostaza

Coste medio

Por persona, unos 1 890 kJ/ 450 kcal · 24 g de proteínas 14 g de grasas · 57 g de hidratos de carbono

Tiempo de preparación: 30 min

Hierva la pasta de 8 a 10 minutos hasta que esté «al dente», viértala en un colador, échele agua fría y déjala escurrir. • Ponga a escurrir el atún y guarde el aceite. Enjuague las gambas en el agua corriente fría y póngalas a escurrir. Pele las rodajas de piña, quíteles el tronco duro central y pique la carne. Cuartee la manzana, quítele el corazón, pélela, corte los cuartos en rodajas y éstas, en tiritas finas; rocíelas en seguida con 1 cucharada de zumo de limón. • Pele la cebolla, píquela muy finamente y mézclela con el resto del zumo de limón, el aceite, la sal, la pimienta, el curry, el zumo de piña, la mostaza y el aceite del atún. • Incorpore el aliño a la pasta enfriada, desmenuce el atún y échelo a la pasta, proceda igual con las gambas, los trozos de piña y las tiras de manzana. • Mezcle todos los ingredientes.

Ensalada de pasta con trucha ahumada

A la derecha de la foto

250 g de coditos o espirales
2½ l de agua · 2 pepinillos
1 cucharadita de sal
4 filetes de trucha ahumada
500 g de tomates · 1 cebolla
3 cucharadas de vinagre de hierbas · ½ cucharadita de sal
1 pizca de pimienta blanca
3 cucharadas de aceite de oliva virgen · 1 pizca de azúcar
1 manojo de cebollino y perifollo, respectivamente

Fácil • Coste medio

Por persona, unos 1 890 kJ/ 450 kcal · 30 g de proteínas 11 g de grasas · 56 g de hidratos de carbono

Tiempo de preparación: 45 min

Hierva la pasta 8 minutos en el agua salada, hasta que esté «al dente», póngala luego en un colador bajo el agua corriente fría y déjala escurrir y enfriar. • Si fuese necesario quite las espinas a los filetes de trucha y trocéelos. Haga un corte en forma de cruz en la base curva de los tomates, escáldelos brevemente en agua, pélelos y córtelos en octavos, procurando quitarles la parte dura del rabillo y las semillas. Pique los pepinillos. • Pele la cebolla, rállela y mézclela con el vinagre, la sal, la pimienta y el azúcar. Incorpore el aceite añadiéndolo lentamente. • Incorpore la pasta enfriada al aliño. Añada los trozos de pescado, el tomate y los pepinillos. • Lave las hierbas, agítelas para escurrirlas, píquelas y mézclelas con la ensalada de pasta. Déle a la ensalada el último toque con los condimentos y déjela reposar tapada hasta que vaya a servirla.

Ensalada de tallarines con lentejas rojas

Una ensalada de pasta poco común, procedente de la cocina integral

50 g de higos secos y orejones de albaricoques
150 g de lentejas rojas
½ l de agua
½ hoja de laurel
1 cubito de caldo de verduras
2 l de agua
1 cucharadita de sal
200 g de pasta ancha integral
50 g de cecina cortada fina
50 g de dátiles
2 dl de crema de leche agria
2-3 cucharadas de zumo de limón
1 pizca de pimienta blanca recién molida
1 cucharada de perejil picado

Receta integral • Fácil

Por persona, unos 2 100 kJ/ 500 kcal · 20 g de proteínas 11 g de grasas · 81 g de hidratos de carbono

Tiempo de preparación: 45 min
Tiempo de reposo: 15 min

Lave los higos y los albaricoques, póngalos en un cuenco pequeño, écheles agua hirviendo y déjelos remojar tapados. • Ponga al fuego las lentejas con el agua, la hoja de laurel y el cubito de caldo; cuando rompa a hervir, déjelas cocer 10 minutos escasos a fuego lento. • Cueza la pasta en el agua hirviendo salada 8 minutos, hasta que esté «al dente». • Ponga a escurrir las lentejas y la pasta en 2 coladores distintos (retire la hoja de laurel de las lentejas) y enjuáguelas unos instantes bajo el agua corriente fría. • Corte la carne en tiras finas. Ponga a escurrir las frutas remojadas y córtelas también en tiras. Deshuese los dátiles y córtelos en tiras. Bata ligeramente en un cuenco la crema agria con 2 cucharadas de zumo de limón y la pimienta. Vierta la salsa cremosa sobre los ingredientes picados y cocidos, así como el perejil. Si fuese necesario, añada un poco más de zumo de limón y pimienta. • Antes de servir, deje reposar la ensalada tapada unos 15 minutos a temperatura ambiente.

Ensaladas de pasta con garbanzos

El suave sabor de los garbanzos proporciona una nota especial a estas ensaladas de pasta delicadamente aderezadas

Ensalada de pasta integral con pollo

A la izquierda de la foto

| 1 cubito de caldo de verduras |
| 200 g de pasta integral (coditos o espirales) · 100 g de garbanzos |
| 2 l de agua · 1 cucharadita de sal |
| 100 g de champiñones y zanahorias · 1,5 dl de crema de leche · 2 aguacates maduros |
| 1 cucharadita de miel y sal de hierbas · 1 pollo asado |
| 2-3 cucharadas de zumo de limón · 2 cucharadas de perejil |
| 1 pizca de pimienta blanca recién molida y arilo de macís |

Receta integral

Por persona, unos 2 310 kJ/ 550 kcal · 16 g de proteínas 38 g de grasas · 35 g de hidratos de carbono

Tiempo de remojo: 12 horas
Tiempo de preparación: 50 min

Deje remojar los garbanzos toda la noche en 1 l de agua. • Al día siguiente, hierva los garbanzos en su agua con el cubito durante 40 minutos tapados y a fuego lento, déjelos escurrir luego en un colador. • Hierva la pasta de 8 a 10 minutos en el agua hirviendo con sal, viértala en un colador, póngala unos instantes bajo el agua corriente fría y déjela escurrir. • Pele y deshuese el pollo y trocee la carne. Corte los aguacates por la mitad, deshuéselos y trocee la carne. Prepare los champiñones, límpielos y córtelos en rodajitas finas. Raspe las zanahorias, lávelas y rállelas o córtelas en tiritas muy finas (juliana). • Prepare una salsa para la ensalada batiendo la crema de leche, la miel, la sal de hierbas, 2 cucharadas de zumo de limón, la pimienta, el macís y el perejil. Mezcle la salsa con los ingredientes ya preparados. • Deje reposar la ensalada 15 minutos y condiméntela con otro poco de zumo de limón, sal de hierbas y pimienta.

Ensalada de pasta de soja con garbanzos

A la derecha de la foto

| 100 g de garbanzos |
| 1 cubito de caldo de verduras |
| ½ hoja de laurel · 2 l de agua |
| 150 g de almendras peladas |
| 200 g de pasta integral (coditos |
| 1 cucharadita de sal |
| 2 frascos de mandarinas (350 g) |
| 200 g de requesón fresco |
| 1 dl de crema de leche |
| 2 pizcas de sal y curry en polvo |
| 2 cucharadas de zumo de limón |
| 1 cucharada de toronjil picado |

Elaborada

Por persona, unos 2 680 kJ/ 640 kcal · 25 g de proteínas 40 g de grasas · 47 g de hidratos de carbono

Tiempo de remojo: 12 horas
Tiempo de preparación: 30 min

Deje remojar los garbanzos toda la noche en 1 l de agua, luego hiérvalos unos 40 minutos con el cubito y la hoja de laurel y déjelos escurrir en un colador. • Tueste las almendras en una sartén seca. • Hierva la pasta unos 8 minutos en el agua hirviendo salada, póngala unos instantes en un colador bajo el agua corriente fría y déjela escurrir. • Corte las almendras en tiritas. Ponga a escurrir los gajos de mandarina en un colador. • Prepare una salsa para la ensalada batiendo el requesón, la crema, la sal, el curry y el zumo de limón. • Mezcle la salsa con los ingredientes preparados y el toronjil y añada otro poco de zumo de limón.

Selectas combinaciones para ensalada

Las verduras frescas, que pueden variarse, determinan el sabor de las ensaladas

Ensalada de espaguetis con ave

A la izquierda de la foto

2½ l de agua · 1 cucharadita de sal · 250 g de espaguetis
2 zanahorias · ½ pollo asado
3 cucharadas de vinagre de vino tinto · 200 g de col china
½ cucharadita de sal · 1 pizca de azúcar · 1 tallos de apio
1 pizca de pimienta blanca
½ cucharadita de sal · 1 pizca de azúcar · 1 tallos de apio
sésamo · 200 g de pepinos
2 cucharaditas de cebollino

Económica • Fácil

Por persona, unos 2 180 kJ/ 520 kcal · 37 g de proteínas 15 g de grasas · 56 g de hidratos de carbono

Tiempo de preparación: 40 min

Ponga a hervir el agua con la sal. Trocee los espaguetis y hiérvalos de 6 a 8 minutos o hasta que estén «al dente». • Raspe las zanahorias, lávelas, córtelas en tiritas finas (juliana), póngalas en un colador y escáldelas sumergiendo éste en agua hirviendo 2 minutos, luego déjelas escurrir y enfriar. • Pele el pollo, deshuéselo y pique la carne. Corte la col china en tiras, enjuáguelas bajo el agua fría y déjelas escurrir. Prepare el tallo de apio y córtelo en rodajitas con las hojas verdes. Pele los pepinos, lávelos, córtelos por la mitad a lo largo y quítele las semillas raspando con una cucharita. Corte también los pepinos en rodajitas. • Mezcle el vinagre con la sal, el azúcar, la pimienta y la salsa de soja y agregue el aceite poco a poco. • Mezcle la pasta escurrida y enfriada con el aliño e incorpórele la carne de pollo y las verduras preparadas. • Sirva la ensalada espolvoreada con el cebollino.

Ensalada de pasta con pimiento y maíz

A la derecha de la foto

Ingredientes para 8 personas:
5 l de agua
2 cucharaditas de sal
500 g de coditos
300 g de guisantes
1 pimiento rojo
200 g de jamón dulce
300 g de granos de maíz
1 manojo de hierbas variadas, como perejil, cebollino, albahaca y tomillo · 1 cucharada de sal
4 cucharadas de vinagre de hierbas · 2 huevos duros
½ cucharadita de pimentón dulce y pimienta blanca
1 pizca de ajo en polvo
5 cucharadas de aceite
1 manojo de rabanitos

Económica • Fácil

Por persona, unos 1 890 kJ/ 450 kcal · 19 g de proteínas 14 g de grasas · 59 g de hidratos de carbono

Tiempo de preparación: 1 hora

Hierva la pasta hasta que esté «al dente». • Hierva los guisantes 5 minutos en agua salada y déjelos escurrir en un colador. Prepare el pimiento y píquelo con el jamón. Deje escurrir los granos de maíz. Pique las hierbas. • Reserve 1 cucharadita de hierbas y revuelva las restantes con el vinagre, la sal, el pimentón, la pimienta, el ajo en polvo y el aceite. • Corte los rabanitos en rodajitas. Pele los huevos y córtelos. • Mezcle el aliño con la pasta enfriada, los guisantes, los trozos de pimiento y jamón, los granos de maíz y la mitad de los rabanitos. Sirva la ensalada de pasta adornada con las hierbas restantes, las rodajitas de rabanito y los trozos de huevo.

Ensalada de espirales integrales

Especialmente nutritiva, con verduras jóvenes, atún y hierbas frescas

200 g de espirales integrales
2 l de agua · 1 cucharadita de sal
1 pimiento verde · 2 cebollas
150 g de guisantes desgranados
1 lata de atún al natural (130 g)
100 g de queso de oveja
3 cucharadas de aceite de sésamo y vinagre de estragón
1 cucharada de mejorana, albahaca, estragón y tomillo recién picados o 1 cucharadita de las mismas hierbas secas
2 cucharadas de aritos de cebollino
1 pizca de pimienta negra
1 cucharadita de pimentón dulce
1 tomate carnoso
1 pizca de sal de hierbas eventualmente

Receta integral

Por persona, unos 1 890 kJ/ 450 kcal · 24 g de proteínas 19 g de grasas · 47 g de hidratos de carbono

Tiempo de preparación: 45 min

Hierva la pasta de 8 a 10 minutos en el agua hirviendo salada. • Cuartee el pimiento, quítele el rabillo, las membranas blancas y las pepitas, lávelo y córtelo en tiras finas. Pele las cebollas, córtelas primero por la mitad a lo largo y luego en aros finos. • Vierta la pasta en un colador procurando retener el agua de cocción, ponga ésta otra vez a hervir en una cacerola, eche ahí las tiras de pimiento y los aros de cebolla y escáldelos unos instantes: póngalos luego a escurrir en un colador. Hierba los guisantes unos 5 minutos en un poco de agua y póngalos luego a escurrir en un colador. • Desmenuce el pescado. Eche en un cuenco el líquido del atún y el queso rallándolo. Añada el aceite, el vinagre, las hierbas, la pimienta y el pimentón y mézclelo todo. • Incorpore a la salsa los ingredientes escurridos y troceados. Lave los tomates, córtelos en trocitos y mézclelos en la ensalada. • Deje reposar la ensalada 5 minutos y, de ser necesario, rectifique la condimentación con un poco de sal de hierbas.

Ensaladas de la cocina integral

Las judías azuki y la pasta de mijo se consiguen en los establecimientos de productos dietéticos

Ensalada de pasta integral con diente de león
A la izquierda de la foto

1 l de agua · 1 hoja de laurel
125 g de tocino ahumado
4 cucharadas de aceite de girasol
2 l de agua · 1 cucharadita de sal
200 g de pasta integral
50 g de hojas de diente de león
4-5 cucharadas de vinagre de vino tinto
3-4 puntas de cuchillo de sal de hierbas · 200 g de judías azuki
2-3 pizcas de pimienta negra

Receta integral

Por persona, unos 2 350 kJ/ 560 kcal · 26 g de proteínas 31 g de grasas · 43 g de hidratos de carbono

Tiempo de remojo: 12 horas
Tiempo de preparación: 1 hora

Deje remojar las judías en el agua toda la noche. • Al día siguiente, hierva las judías de 35 a 40 minutos en su agua con la hoja de laurel; póngalas luego a escurrir en un colador. • Trocee el tocino y deje que suelte la grasa friéndolo en el aceite hasta que esté crujiente. • Ponga a hervir el agua con la sal. Hierva la pasta unos 10 minutos en el agua hirviendo salada, viértala en un colador, enjuáguela unos instantes debajo del agua corriente fría y déjela escurrir. • Lave a fondo las hojas de diente de león y córtelas en tiras finas. Mezcle los ingredientes escurridos con el tocino y la grasa que ha soltado, el vinagre, la sal de hierbas y la pimienta. Incorpore el diente de león y deje enfriar un poco la ensalada. • Si fuese necesario, vuelva a condimentar la ensalada de pasta con otro poco de vinagre, sal de hierbas y pimienta; puede servirla tibia o fría.

Ensalada de pasta de mijo con brécoles
A la derecha de la foto

2 l de agua
1 cucharadita de sal
250 g de brécoles
150 g de pasta de mijo
1 calabacín (150 g)
2 tomates · 2 huevos duros.
50 g de nueces descascaradas
1 dl de crema de leche
1-2 cucharadas de zumo de limón
1 cucharadita de sal de hierbas
1-2 pizcas de mezcla de hierbas y pimienta blanca recién molida
1 cucharada de aritos de cebollino

Receta integral • Fácil

Por persona, unos 1 590 kJ/ 380 kcal · 15 g de proteínas 20 g de grasas · 34 g de hidratos de carbono

Tiempo de preparación: 45 min

Ponga a hervir el agua con la sal. Limpie los brécoles, lávelos a fondo, córtelos en trozos de 3 cm de largo y, junto con la pasta, hiérvalos unos 10 minutos en el agua hirviendo salada hasta que estén «al dente», luego déjelos escurrir en un colador. • Lave el calabacín y los tomates, quíteles el rabillo y córtelos en trozos grandes. Pele los huevos y píquelos groseramente con las nueces. • Bata ligeramente la crema con el zumo de limón, la sal de hierbas y 1 pizca de pimienta. Mezcle la salsa con los ingredientes preparados y el cebollino. Deje reposar la ensalada unos 5 minutos y, eventualmente, vuelva a condimentarla con otro poco de zumo de limón, sal y mezcla de hierbas y la pimienta. • Sirva la ensalada de pasta de mijo caliente o fría.

Ensaladas calientes de pasta

Con brécoles y queso de oveja, o con tocino frito y desmenuzado, son algo especialmente delicado

Ensalada de «capellini»

En primer plano de la foto

| 250 g de *capellini* (espaguetis muy finos) |
| 2½ l de agua |
| 1 cucharadita de sal |
| 1 cucharadita de aceite |
| 250 g de brécoles |
| 1 l de agua |
| 1 cuchradita de sal |
| 2 cucharadas de zumo de limón |
| 1 pizca de nuez moscada |
| 150 g de queso de oveja |
| 6 cucharadas de aceite de oliva virgen · 1 diente de ajo |
| 2 cucharadas de piñones |
| 4 cucharadas de vinagre de vino |

Fácil • Rápida

Por persona, unos 2 100 kJ/ 500 kcal · 16 g de proteínas 25 g de grasas · 51 g de hidratos de carbono

Tiempo de preparación: 30 min

Hierva la pasta de 6 a 8 minutos en el agua hirviendo con la sal y el aceite hasta que esté «al dente», viértala luego en un colador, póngala bajo el agua corriente fría y déjala escurrir. • Retire las partes duras de los brécoles y sepárelos en ramitos. Pélelos y córtelos en rodajas finas. Ponga a hervir el agua con la sal y el zumo de limón. Escalde ahí los brécoles 2 minutos, escúrralos en un colador y espárzales la nuez moscada. • Trocee el queso de oveja. Caliente 2 cucharadas de aceite de oliva en una sartén y dore los piñones removiéndolos. Saque los piñones de la sartén. Pele el diente de ajo y agréguelo al aceite una vez pasado por el prensa ajos, fríalo unos instantes. Mezcle con el vinagre y el resto del aceite. • Remueva el aliño con los ingredientes preparados. • Sirva la ensalada aún caliente.

Ensalada de pasta y jamón

Al fondo de la foto

| 2½ l de agua |
| 1 cucharadita de sal |
| 250 g de pasta integral (coditos o espirales) |
| 1 cogollo pequeño de escarola |
| 1 cebolla |
| 1 manojo de cebollino |
| 1 cucharadita de aceite |
| 200 g de jamón graso en lonchas finas |
| 2-4 cucharadas de vinagre |
| 1 pizca de pimienta de Cayena |

Fácil • Rápida

Por persona, unos 2 390 kJ/ 570 kcal · 14 g de proteínas 35 g de grasas · 50 g de hidratos de carbono

Tiempo de preparación: 25 min

Ponga a hervir el agua con la sal. Hierva la pasta de 8 a 10 minutos en el agua hirviendo salada hasta que esté «al dente», échela luego en un colador, póngala bajo el agua corriente templada y déjala escurrir. • Prepare la escarola, lávela, agítela para secarla y córtela en tiras finas. Pele y pique la cebolla. Lave el cebollino bajo el agua fría del grifo, séquelo y córtelo en aritos. • Caliente el aceite en una sartén. Dore uniformemente el jamón hasta que quede crujiente, sáquelo luego de la sartén y déjelo escurrir sobre papel absorbente. Fría la cebolla en el aceite que ha quedado, hasta que esté transparente. Retire la sartén del fuego, eche el vinagre y remuévalo. Condimente el aliño con la pimienta de Cayena. • Mezcle en una fuente la pasta, la escarola y el cebollino con el aliño caliente. Esparza por encima el jamón y revuélvalo. • Sirva la ensalda en seguida.

Ensaladas de pasta ricas en vitaminas

La salsa verde y la vinagreta proporcionan su aroma especial a estas ensaladas de pasta y verduras

Ensalada de pasta con salsa de hierbas
En primer plano de la foto

200 g de ñoquis
2 l de agua · 1 cucharadita de sal
⅛ l de aceite · 2 cebollas
500 g de pimientos rojos
200 g de atún enlatado
20 g de borraja, eneldo, estragón, perifollo, levística, perejil, pimpinela, acedera y toronjil · 1 diente de ajo
1 cucharada de mostaza
4 cucharadas de yogur desnatado · 5 huevos duros
1 pizca de sal y pimienta blanca
100 g de aceitunas deshuesadas

Elaborada

Por persona, unos 2 310 kJ/ 550 kcal · 23 g de proteínas 29 g de grasas · 47 g de hidratos de carbono

Tiempo de preparación: 1 hora
Tiempo de reposo: 2 horas

Hierva la pasta 8 minutos en el agua con la sal y 1 cucharadita de aceite hasta que esté «al dente», déjala luego escurrir y enfriar. • Prepare los pimientos y córtelos en tiras finas. Escurra bien el atún y desmenúcelo. Pele las cebollas y córtelas en aros finos. • Corte los huevos por la mitad. Desprenda las yemas, macháquelas y mézclelas bien con el resto del aceite. Utilice las claras para otra preparación. Lave las hierbas, séquelas y píquelas con el ajo, agréguelas a las yemas con la mostaza y el yogur y condiméntelo todo con la sal y la pimienta. • Mezcle la salsa con la pasta, las tiras de pimiento, los aros de cebolla, el atún y las aceitunas. • Deje reposar la ensalada 2 horas en lugar frío.

Ensalada verde de pasta
Al fondo de la foto

200 g de tallarines verdes
2 l de agua · 1 cucharadita de sal
9 cucharaditas de aceite
250 g de calabacín estrecho
500 g de espárragos verdes
2 pizcas de sal y pimienta negra
75 g de tocino ahumado
3 cebollas tiernas · 1 diente de ajo
4 cucharadas de vinagre
1 cucharadita de alcaparras
3 cucharadas de perejil picado
1 cucharada de albahaca picada
1 pizca de azúcar
1 cucharada de queso parmesano rallado

Elaborada

Por persona, unos 1 890 kJ/ 450 kcal · 15 g de proteínas 23 g de grasas · 48 g de hidratos de carbono

Tiempo de preparación: 1 hora
Tiempo de reposo: 1 hora

Hierva la pasta en el agua salada y el aceite hasta que esté «al dente», déjela escurrir en un colador. • Prepare el calabacín y los espárragos y límpielos. Corte el calabacín en rodajas y rehóguelo en 2 cucharadas de aceite 5 minutos, condiméntelo con 1 pizca de sal y pimienta y déjelo enfriar. • Trocee los espárragos, hiérvalos de 10 a 15 minutos en un poco de agua salada y déjelos escurrir. • Corte el tocino en trocitos y fríalo en 1 cucharada de aceite. • Corte las cebollas tiernas en aros finos. • Pele el diente de ajo, macháquelo y revuélvalo con el vinagre, el resto de la sal y la pimienta, las alcaparras, el perejil, la albahaca, el azúcar y el parmesano. Incorpore removiendo el resto del aceite. • Mezcle las verduras con el tocino, la pasta y la vinagreta. • Deje reposar la ensalada 1 hora.

Ensalada de pasta con verduras primaverales

Verduras crudas con pasta, una combinación nutritiva y apetitosa

Ingredientes para 6 personas:
4 l de agua
2 cucharaditas de sal
400 g de espirales
1 pepino pequeño
1 pimiento verde
4 tomates firmes · 1 colinabo
250 g de salchichas
4 cucharadas de vinagre de vino tinto
½ cucharadita de sal
1 pizca de pimienta blanca y curry en polvo
1 cebolla pequeña
1 diente de ajo
4 cucharadas de aceite de semillas
½ manojo de cebollino y perejil
1 puñado de berros

Fácil • Económica

Por persona, unos 2 180 kJ/ 520 kcal · 17 g de proteínas 20 g de grasas · 65 g de hidratos de carbono

Tiempo de preparación: 45 min

Ponga a hervir el agua con la sal. Hierva la pasta unos 8 minutos o hasta que esté «al dente», póngala luego en un colador bajo el agua corriente fría y déjela escurrir. • Pele el pepino, córtelo en cuartos a lo largo y luego, en rodajitas no muy finas. Corte por la mitad el pimiento, quítele el rabillo, las membranas blancas y las semillas y córtelo en tiras finas. Lave los tomates, séquelos y córtelos en 8 trozos. Pele el colinabo y córtelo primero en rodajas y, luego, en tiras finas. Pele y trocee las salchichas. • Mezcle el vinagre con la sal, la pimienta y el curry. Pele la cebolla e incorpórela al aliño una vez rallada. Pele el ajo y añádalo una vez pasado por el prensa ajos. Incorpore el aceite removiendo. • Mezcle la pasta enfriada y los ingredientes preparados con el aliño. Lave el cebollino, el perejil y los berros, séquelos, píquelos y añádalos a la ensalada. Adorne ésta con hojitas de berro.

Ensaladas de pasta con verduras

Cuanto más frescas las verduras, tanto más deliciosa la ensalada

Ensalada de pasta y judías

A la derecha de la foto

3 l de agua · 1 cucharadita de sal
300 g de pasta como macarrones o *ditali* · 250 g de judías verdes
100 g de mortadela en lonchas
10 aceitunas verdes rellenas
1 manojo de perejil · 1 cebolla
2 dl de crema de leche agria
2 cucharadas de vinagre de vino tinto · 2 cucharadas de mayonesa
1 pizca de sal y pimienta negra

Económica • Rápida

Por persona, unos 2 010 kJ/ 480 kcal · 18 g de proteínas 16 g de grasas · 64 g de hidratos de carbono

Tiempo de preparación: 40 min

Ponga a hervir el agua con la sal. Hierva la pasta de 8 a 10 minutos, procurando que no quede demasiado blanda. Prepare las judías, lávelas, córtelas en trozos de unos 3 cm y hiérvalas 15 minutos en agua hirviendo salada, échelas luego en un colador y deje que se enfríen; reserve unas 3 cucharadas del agua de cocción. • Corte la mortadela en tiras y las aceitunas en rodajitas. Lave el perejil, agítelo para secarlo y píquelo reservando un ramito para guarnecer. • Pele la cebolla, píquela y mézclela con la mayonesa, la crema agria, el vinagre, el agua de cocción de las judías y el perejil picado. • Mezcle la pasta escurrida y enfriada con las judías, la mortadela y las aceitunas. • Aderece la ensalada con el aliño de mayonesa y déle el último toque con la sal y la pimienta.

Nuestra sugerencia: Puede aprovechar para esta receta restos de asado de buey; mezcle éstos con la ensalada en lugar de la mortadela. Para el aliño, sustituya la mayonesa y la crema agria por 5 cucharadas de aceite de oliva virgen.

Ensalada vegetariana de pasta

A la izquierda de la foto

3 l de agua · 1 cucharadita de sal
300 g de pasta verde, como *ditali*, conchas o tallarines
2 pimientos verdes · 2 escalonias
½ manojo de perejil
1 manojo de cebollino
150 g de queso Gorgonzola
3 cucharadas de vinagre de hierbas
1 dl de crema de leche
1 petit suisse grande natural
1 pizca de sal y pimienta negra
1 huevo duro

Económica • Fácil

Por persona, unos 2 600 kJ/ 620 kcal · 24 g de proteínas 31 g de grasas · 62 g de hidratos de carbono

Tiempo de preparación: 40 min

Ponga a hervir el agua con la sal. Hierva la pasta 8 minutos o hasta que esté «al dente». • Cuartee los pimientos, quíteles el rabillo, las membranas blancas y las semillas, lávelos y córtelos en tiras. Pele las escalonias y píquelas. Lave el perejil y el cebollino, séquelos y píquelos. • Desmenuce el Gorgonzola y mézclelo con el vinagre, la crema, el petit suisse, la sal, la pimienta, los trozos de escalonia y las hierbas. Reserve 1 cucharada de cebollino para adornar. • Pele y pique el huevo. • Mezcle la pasta con las tiras de pimiento e incorpore removiendo la salsa de queso. • Sirva la ensalada aderezada con el huevo y el cebollino.

Ensaladas de pasta con frutas

Pruebe estas sugestivas combinaciones de melón, aguacate y naranja

Ensalada de pasta y gambas

A la derecha de la foto

| 2½ l de agua |
| 1 cucharadita de sal |
| 250 g de coditos |
| 200 g de gambas |
| El zumo de 1 limón |
| 1 melón · 1 aguacate |
| 200 g de tallos de apio |
| 1 manojo de eneldo |
| 2 cucharadas de mayonesa (50 % m. g.) |
| 150 g de yogur natural |
| 3 cucharadas de crema de leche |
| 2 cucharadas de coñac |
| 1 pizca de sal, pimienta blanca y pimienta de Cayena |

Fácil • Rápida

Por persona, unos 2 390 kJ/ 570 kcal · 30 g de proteínas 26 g de grasas · 60 g de hidratos de carbono

Tiempo de preparación: 40 min

Ponga a hervir el agua con la sal. Hierva la pasta 8 minutos hasta que esté «al dente». • Enjuague las gambas en un colador bajo el agua corriente fría, déjelas escurrir y rocíelas con 2 cucharadas de zumo de limón. Corte por la mitad el melón, extráigale las pepitas y retire la carne formando bolas con ayuda de un vaciador. Corte por la mitad el aguacate, despréndale el hueso, pélelo, córtelo en rodajas y rocíelo con el resto del zumo de limón. Prepare el tallo de apio, lávelo, córtelo en rodajitas finas y pique unas hojas verdes. Lave el eneldo, séquelo y píquelo, reservando algunos ramitos para adornar. • Mezcle la mayonesa con los demás ingredientes y las hojitas de eneldo. • Mezcle la salsa con la pasta escurrida fría, las gambas, las bolas de melón y las rodajas de aguacate y apio. • Adorne la ensalada con el eneldo.

Ensalada de pasta con naranja

A la izquierda de la foto

| 2½ l de agua |
| 1 cucharadita de sal |
| 250 g de pasta, como *ditali* o mariposas · 1 pepino |
| 2 cebollas rojas · 2 naranjas |
| 1 manzana roja |
| 3 cucharadas de zumo de limón |
| 1 manojo de toronjil |
| 150 g de yogur natural |
| 1 dl de crema de leche agria |
| 1 cucharada de mayonesa |
| 3 cucharadas de zumo de naranja |
| 1 pizca de sal, azúcar y pimienta blanca recién molida |

Económica • Fácil

Por persona, unos 1 800 kJ/ 430 kcal · 13 g de proteínas 9 g de grasas · 73 g de hidratos de carbono

Tiempo de preparación: 40 min

Ponga a hervir el agua con la sal y hierva la pasta 8 minutos o hasta que esté «al dente». • Pele el pepino, córtelo por la mitad a lo largo, quítele las semillas raspando con una cucharita y córtelo en rodajitas. Pele las cebollas y córtelas en aros finísimos. Pele las naranjas y sepárelas en gajos. Lave la manzana, séquela, cuartéela, quítele el corazón, córtela en rodajitas y rocíe éstas con el zumo de limón. Lave el toronjil, agítelo para secarlo y córtelo finamente reservando algunas hojas para adornar. • Bata el yogur con la crema, la mayonesa, el zumo de naranja, la sal, el azúcar, la pimienta y el toronjil. • Mezcle la pasta escurrida y fría con las rodajitas de pepino, los aros de cebolla, los gajos de naranja y las rodajitas de manzana. Incorpore la salsa a la ensalada.

Ensalada de pasta con mejillones

Aliñada con salsa de vino blanco y hierbas es un plato típico de la cocina mediterránea

2 kg de mejillones
2 dientes de ajo
1 tomate carnoso · 1 pimiento
1 manojo de albahaca o
1 cucharadita de albahaca seca
8 cucharadas de aceite de oliva
6 granos de pimienta
1 pizca de azúcar · ⅛ l de vino blanco · 200 g de conchas
2½ l de agua · 1 cucharadita de sal · 1 manojo de perejil
1 tallo de toronjil
4 cucharadas de vinagre de vino
1 pizca de sal y pimienta de Cayena

Fácil

Por persona, unos 1 800 kJ/ 430 kcal · 24 g de proteínas 14 g de grasas · 53 g de hidratos de carbono

Tiempo de preparación: 1 hora

Cepille los mejillones bajo el agua corriente y quíteles los filamentos del biso; tire los que tengan la concha abierta. Pele los dientes de ajo y píquelos, lave los tomates y córtelos en trozos grandes. Pique las hojas de albahaca. • Caliente 2 cucharadas de aceite en una cazuela amplia. Sofría el ajo brevemente y añada los tomates, la mitad de la albahaca, los granos de pimienta, el azúcar y el vino. Deje abrir los mejillones unos 5 minutos a fuego vivo; tire los que no se hayan abierto. Sacuda el recipiente con fuerza de cuando en cuando. • Desprenda los mejillones de las conchas, cuele el caldo y déjelo reducir hasta que queden 3 cucharadas. • Hierva la pasta unos 8 minutos o hasta que esté «al dente» en el agua con la sal, enjuáguela luego debajo del agua corriente fría y déjela escurrir. • Corte el pimiento en trozos pequeños. Pique el perejil y el toronjil. • Mezcle el vinagre con el caldo de los mejillones e incorpore el resto del aceite. Añada todas las hierbas. Condimente el aliño con la sal y la pimienta de Cayena. • Mezcle la pasta con los trocitos de pimiento y los mejillones y alíñela con la salsa.

Ensaladas de pasta china

Algo especial para los amigos de la cocina asiática

Ensalada de fideos transparentes con cangrejo
A la derecha de la foto

| 2 l de agua · 4 cebollas tiernas |
| 200 g de fideos transparentes |
| 8 setas negras secas (Mu Err) |
| 400 g de carne de cangrejo |
| 1 lata pequeña de castañas de agua |
| 1 lata pequeña de brotes de bambú · 3 cucharadas de aceite |
| 2 cucharadas de salsa de soja y salsa agridulce |
| Unas gotas de salsa picante de chile · 1 cucharadita de sal |
| El zumo de 1 lima |

Especialidad china • Coste medio

Por persona, unos 2 100 kJ/ 500 kcal · 30 g de proteínas 15 g de grasas · 65 g de hidratos de carbono

Tiempo de preparación: 1 hora

Ponga a hervir el agua. Disponga en 2 recipientes distintos, respectivamente, 175 g de la pasta y las setas secas. Vierta agua hirviendo sobre la pasta y las setas y déjelas remojar durante 30 minutos. • Divida la carne de cangrejo en trozos quitándole todos los cartílagos. Lave las cebollas, séquelas y córtelas en tiras. Enjuague las castañas y los brotes de bambú bajo el agua, déjelos escurrir y córtelos en tiras. • Escurra las setas remojadas y córtelas igualmente en tiras. Ponga a escurrir la pasta remojada en un colador y mézclela en una fuente con los ingredientes picados, la sal, la salsa de soja, la agridulce y la de chile, así como con 3 cucharadas de aceite. • Caliente el resto del aceite en una sartén. Fría la pasta no remojada hasta que se ablande y se suelte un poco. Deje escurrir luego la pasta sobre papel absorbente y espárzala sobre la ensalada, rocíela al gusto con el zumo de lima.

Ensalada de fideos con buey
A la izquierda de la foto

| Ingredientes para 6 personas: |
| 3 l de agua · 1½ cucharadita de sal · 250 g de brotes de soja |
| 300 g de pasta de huevo china |
| 250 g de carne de buey asada |
| 2 manojos de rabanitos |
| 4 cebollas tiernas |
| 5 cucharadas de aceite |
| ½ cucharadita de sal |
| 3 cucharadas de vinagre de vino |
| 1 pizca de pimienta blanca |
| 2 cucharadas de salsa de soja |
| 1 cucharadita de azúcar |

Fácil • Rápida

Por persona, unos 1 510 kJ/ 360 kcal · 19 g de proteínas 18 g de grasas · 38 g de hidratos de carbono

Tiempo de preparación: 30 min

Ponga a hervir el agua con la sal. Eche la pasta en el agua hirviendo y cuézala de 6 a 8 minutos sin que se reblandezca demasiado. Vierta luego la pasta en un colador, póngala bajo el agua y déjela escurrir. • Escalde los brotes de soja, deje que den un hervor, viértalos en un colador, póngalos bajo el agua y déjelos escurrir. • Corte la carne de buey en tiras. Prepare los rabanitos, lávelos y córtelos en rodajas. Prepare las cebollas tiernas, lávelas con agua templada y córtelas en tiras. • Mezcle la pasta con 2 cucharadas de aceite y sírvala en 4 platos. Distribuya sobre la pasta los ingredientes troceados. Mezcle el aceite restante con los demás ingredientes y viértalo sobre la ensalada.

Lo que conviene saber sobre la pasta

La pasta ha conquistado un puesto firme en las cocinas de todo el mundo. Por muy sencilla que sea su preparación, constituye, gracias a su discreto sabor, que realza espléndidamente el aroma y el gusto de los ingredientes que la acompañan, uno de los más interesantes productos a base de cereales. Los gastrónomos aprecian las pastas de elaboración casera, ya sea combinadas con las salsas y complementos más diversos y delicados, o al horno, como refinado gratín crujiente y dorado, de selectos ingredientes. Inolvidables son las empañadillas o los rollos de pasta, exquisitos con sus muy variados rellenos. La pasta es, en Italia, el alimento básico más importante y los espaguetis constituyen el famoso símbolo por excelencia de la cocina italiana.

En Asia no se alimentan únicamente de arroz. La mayor parte de los japoneses comen a mediodía pasta con caldo; en China se aprecia la sopa de won ton, los fideos transparentes y otros muchos platos más a base de pasta.

PEQUEÑA HISTORIA DE LA PASTA

La historia de la pasta puede dar lugar a controversia, pues no se puede establecer a ciencia cierta si su invención ha de atribuirse a un determinado país, o si hace tiempo que empezó a consumirse a la vez en diferentes sitios. En el famoso libro de cocina del sibarita Apicius, redactado en el siglo I después de Cristo, se encuentran ya algunas recetas de pasta. Antes del cambio de milenio ya se producían en China espaguetis de harina de soja. La leyenda según la cual el veneciano Marco Polo habría traído la pasta consigo a su regreso de China, alrededor del año 1300, fue denunciada como errónea por investigadores expertos en la materia. En efecto: ya en 1154, en su libro sobre el rey Rogerio II de Sicilia, el geógrafo árabe Idrisi habla entusiasmado, entre otras cosas, de ricos productos a partir de los que se elaboran gigantescas cantidades de pasta fina y delicada. Un documento siciliano del año 1041 describe incluso el carácter de un maleante, probablemente bastante turbio, con la expresión «tan claro como agua de macarrones». Hallazgos arqueológicos confirman que tanto los antiguos griegos como los egipcios ya conocían alimentos parecidos a la pasta. En unos frescos etruscos ya aparecen representados utensilios tales como rodillos para pasta y cortapastas.

LA ELABORACIÓN INDUSTRIAL

La elaboración industrial de la pasta se remonta a finales del siglo XVII. Para la fabricación se emplea preferentemente, a causa de su alto contenido proteínico, su resistencia, digestibilidad y conservabilidad, la sémola y semolilla de trigo duro de color ambarino. (La semolilla es un producto de molienda con un grano muy fino que, a este respecto, se encuentra entre la sémola y la harina.) El suministrador de esta materia prima es una variedad especial de trigo, el trigo duro. En Italia hay, desde 1967, una ley que regula la utilización de sémola de trigo duro para la elaboración industrial de pastas alimenticias. El trigo duro crece sólo bajo determinadas condiciones climáticas: necesita un clima semiseco con mucho sol y se cosecha, principalmente, en el sur de Italia, en otros países mediterráneos, en Canadá, en los EE. UU. y en Argentina. Su calidad depende del gluten, la sustancia albuminoidea que juega un papel decisivo en la elaboración de la masa y en la cocción de la pasta. La pasta de buena calidad no tiene que perder su forma al hervirse.

En la actualidad, la elaboración industrial de la pasta apenas se diferencia, en principio, de los métodos originales: la sémola de trigo duro se mezcla con agua pobre en cal empleando la correspondiente maquinaria moderna, luego se trabaja hasta obtener las más diversas formas —por ejemplo, macarrones, espaguetis, trenzas, tallarines, tallarines ondulados, coditos o, tratándose de pasta para sopas, fideos, estrellitas, letras, conchas y lacitos— y, dependiendo del tamaño de la pasta, se deja secar hasta un máximo de 2 días. Las variaciones de sabor y color se consiguen añadiendo azafrán, espinacas, hierbas, tomates y remolacha roja, o empleando otros tipos de harina, como la de alforfón, la de soja, arroz, avena, maíz y mijo, las cuales se mezclan a menudo con la harina de trigo. Para aquellos que se preocupan por su alimentación, el comercio ofrece varias clases de pasta integral. Ésta tiene un sabor muy marcado y es un poco más compacta que la pasta normal. La pasta integral necesita, por lo general, el mismo tiempo de cocción que los productos de harina de flor. Es recomendable combinarla siempre con salsas de fuerte sabor, especias o ingredientes que tengan un gusto muy pronunciado y característico. Hay, además, pasta con germen de trigo. Para ésta se emplea, en contraposición a la pasta integral, tan sólo los gérmenes, pero no las partes que componen la cáscara del cereal. Por ello, el sabor y el color de esta pasta no se diferencian de los de fabricación usual; la pasta con germen de trigo es ligera y clara. El germen de trigo contiene importantes sustancias nutritivas como vitaminas, sustancias

Harina de trigo
Espinacas
Parmesano rallado
Granos de avena
Azafrán

minerales y oligoelementos. En las tiendas de productos dietéticos hay pasta de seis granos, de alforfón y de soja.

Para todas las pastas alimenticias existen normas mínimas de calidad. Las pastas alimenticias de huevo tienen que contener, por cada kilo de sémola o semolilla, al menos 2¼ huevos con 45 g de peso medio o 2¼ yemas con un peso medio de 16 g. También pueden emplearse cantidades convenientes de huevo congelado o deshidratado. Las pastas alimenticias con un alto contenido de huevo deben contener 4 huevos por cada kilo de sémola, y si el contenido de huevo es muy alto, 6 huevos por kilo. Cuando se trata de pastas alimenticias a base de huevos frescos, la cantidad de éstos será de 2¼ o más, según la clase. Las indicaciones en el paquete muestran al comprador los diversos niveles de calidad de las pastas alimenticias. También se encuentran pastas alimenticias fabricadas sin huevo.

La pasta de elaboración industrial es muy indicada para guardarla como provisión: conservada en lugar fresco, puede mantenerse hasta 2 años. Pero no todos los fabricantes han procedido todavía a declarar en el paquete la fecha de caducidad del producto.

LOS DIVERSOS TIPOS DE PASTA

Grande es la variedad de los tipos de pasta que se ofrecen en el comercio, y desconcertantes sus diferentes denominaciones. Así, por ejemplo, la pasta con forma que semeja mariposas o lacitos es vendida a veces bajo el nombre italiano de *farfalle*. Las pastas alimenticias más conocidas son los espaguetis y los macarrones. Al lado de estos existen innumerables tipos distintos, desde la lasaña, con su forma alargada, y los gruesos canelones (*cannelloni*), hasta llegar a las pequeñas formas llenas de fantasía. La importancia que adquiere en Italia la forma de la pasta puede apreciarse en el interés de un conocido diseñador de coches que se ha impuesto la tarea de crear pasta con bonitas formas que absorba el máximo de salsa posible. Muchos tipos de pasta se venden bajo su nombre italiano; por lo demás, en Italia hay también muchas diferencias regionales. No hay otro lugar de la tierra en el que la estimación de que goza la pasta haya conducido a asignarle tantos nombres llenos de imaginación. He aquí la traducción literal de algunos nombres de pasta tomados al azar: «angelitos» (*agnelotti*), «ricitos» (*ricciolini*), «botitas» (*stivaletti*) o «bigotitos» (*mostaccioli rigati*).

No sin razón se proponen en este libro tipos de pasta muy determinados para algunas recetas: según su forma, las pastas absorben mejor o peor las salsas y ragús. Sólo la pasta larga, como los macarrones largos, puede moldearse para formar un pastel. Sin embargo, las costumbres regionales también juegan un papel en este contexto. A fin de aliviarle un poco el martirio que supone tener que elegir, clasificamos a continuación las pastas según sus formas más usuales, pues a menudo se confunden entre sí tipos de pasta similares. Las pastas aparecen con las diversas denominaciones bajo las que pueden encontrarse en el comercio.

Lasañas. Son rectángulos de pasta de 6 × 10 cm; constituyen parte integrante del plato italiano del mismo nombre. En una fuente refractaria se colocan por capas una salsa (*sugo*) a base de tomate y carne y espesada mediante la cocción, los rectángulos de pasta y una salsa bechamel. El plato también puede prepararse de manera vegetariana con un relleno de verduras y salsa de queso; basta intercalar para ello los típicos rectángulos de pasta, frescos procedentes del comercio especializado o de fabricación casera, se hierven brevemente antes de pasar al horno formando parte del gratín. En el caso de la pasta seca, siga las instrucciones del fabricante. La última capa de pasta tiene que estar bien cubierta de salsa, antes de meter la lasaña en el horno; en caso contrario, la pasta se pone dura. Si se pide en Italia *fazzoletti*, no se reciben tan sólo pañuelos de papel —como indica la traducción literal del término—, sino también un tipo de lasaña de mayor tamaño. Las *lasagne ricce*, una variante de pasta típicamente italiana, son rectángulos algo más finos y mucho más largos que la lasaña usual, que pueden adquirirse con un borde longitudinal ondulado o con los bordes ondulados en ambos lados.

Tallarines, *fettuccine*

Son tiras de pasta de 5 mm de ancho que suelen adquirirse enrolladas en forma de madeja o nido. En Italia suele haber distintas denominaciones para este tipo de pasta según la anchura que tenga. Así, por ejemplo, los tallarines con bordes ondulados o con sólo un borde ondulado se llaman *reginette* o *tripolini*, los que tienen sólo 3 mm de ancho son denominados generalmente *trenette* o también *bavette*. Los tallarines muy finos y con sólo unos 2 mm de ancho reciben el nombre de *taglierini*, *cardelline* o *tagliolini*; un poco más anchos se llaman *liguine* o *tagliatelle*. Los *lasagnetti*, *pappardelle* o *fettuccelle* son tallarines de unos 2 cm de ancho, ondulados también a lo largo de uno o de ambos lados, o enrollados en forma de madeja o nido. Todos los tallarines se sirven con ragús, acompañando a platos de carne, con una salsa cremosa de queso, crema o tomate y como gratín, así como aderezados con

Trenette

Lasañas

Tagliatelle coloreados

Pasta de arroz

Tallarines anchos

Lo que conviene saber sobre la pasta

especias picantes o combinados en forma de ensalada de pasta con jamón, mariscos, carne de ave o verduras. Con frecuencia, los tallarines pueden adquirirse también *verdi,* es decir, coloreados de verde.

Canelones

Al igual que ocurre con la lasaña, para preparar estos gruesos tubos de pasta de unos 8 cm de largo. se tienen que seguir las indicaciones del fabricante para saber si hay que hervirlos antes de gratinarlos rellenos en el horno. Cuando es plasta de elaboración casera, ésta se extiende tras el tiempo de reposo y se corta inmediatamente en rectángulos de 8 × 9 cm. Coloque luego en el centro el relleno preparado y enrolle los canelones. O enrolle la pasta vacía, introduzca el relleno en una manga pastelera con boquilla grande y se rellena con ella los canelones. Coloque los canelones en una fuente refractaria con la abertura hacia abajo, cúbralos con la salsa y póngalos a gratinar después de haberlos espolvoreado con queso. Los canelones también tienen que estar bien cubiertos de salsa, a fin de que no se resequen en el horno. El queso recién rallado garantiza una costra dorada.

Macarrones

Son largos tubos de pasta que están a la venta con diferentes calibres, y que tienen distintas denominaciones en italiano. Los macarrones más gruesos pueden llamarse *zitoni, candele* o *ziti;* algo más finos reciben el nombre de *bucatini.* Si van a utilizarse enteros, por ejemplo para preparar uno de esos gratines tan apreciados sobre todo en la cocina griega y turca, o un pastel de pasta, hay que hervirlos en agua salada empujándolos a lo largo del borde de la olla. Hierva los macarrones «al dente» unos 10 minutos. Antes de tirar el agua de cocción, pruebe la pasta. Si los va a emplear para una ensalada de pasta, trocee los macarrones antes de hervirlos. La cocción se ve reducida entonces a unos 8 minutos. Los macarrones acompañan a estofados y ragús sustanciosos, también se sirven con salsas de hierbas, de setas y de queso, con calabacines a la crema, con salsa de tomate o rodajas de berenjena fritas.

Espaguetis

Sobre su invención se cuenta en Italia un divertido suceso, que ha de remontarse a los tiempos en que el pan se cocía en los hornos colectivos de los pueblos. Bajo un sol ardiente, una joven muchacha se hallaba en camino hacia uno de estos hornos comunitarios acompañada de un burro que llevaba sobre su lomo los cestos llenos de pasta de pan. La muchacha se encontró en el largo camino con su amado, y mientras era tiernamente abrazada bajo las sombras de los árboles, el burro, con su pesada carga, estaba parado bajo el calor abrasador. Pronto comenzó la pasta a escurrirse a través de las pequeñas intersecciones de las cestas y a secarse en seguida formando largos hilos. De este modo, la muchacha acabó llevando a casa, en vez de pan fresco, espaguetis secos.
Pueden comprarse espaguetis de diferentes longitudes y calibres. Los más finos están a la venta como *vermicelli, spaghettini* o *capellini;* los espaguetis ondulados se llaman *fusilli.*
Los espaguetis se preparan, preferentemente, como pasta *asciutta* (pasta seca), por contraposición a pasta *al forno* (pasta al horno). La pasta *asciutta* se sirve con un *sugo,* una salsa espesa a base de carne o verduras. Los espaguetis frescos son deliciosos simplemente hervidos y aderezados con un buen aceite de oliva y ajo, o preparados de manera más sabrosa con tocino, cebolla y huevos (a la carbonara), así como con una clásica salsa de tomate y queso parmesano recién rallado. Troceados, son apropiados para sopas. Un plato rápido lo constituyen los espaguetis al *pesto* (véa páginas 10 y 51). Todas las salsas cremosas combinan bien con ellos.
Deslice los espaguetis, al igual que los macarrones, en el agua salada hirviendo a borbotones, empujándolos a lo largo del borde de la olla hasta que se reblandezcan. Transcurridos 8 minutos, pruebe la pasta para comprobar si está elástica pero conservando aún el centro firme. La pasta que tenga que conservarse caliente unos momentos en un recipiente previamente bien calentado, continúa cociéndose aún en su propio vapor, siempre que no haya sido enfriada con agua corriente.

Pastas cortas

Como se ha indicado, la oferta es interminable. Digamos tan sólo algunas palabras sobre el tema «qué salsa va con qué tipo de pasta»: las salsas líquidas se agarran mejor a la pasta estriada y con forma de espiral, las salsas espesas lo hacen con las de superficie lisa. La pasta hueca, como las conchas o los ñoquis, pueden acompañarse con carne, gambas o guisantes.

Ditali

Es una variedad de pasta hueca y gruesa, aproximadamente del tamaño de un «dedal» (como indica la traducción literal), pero sin cabeza. Presenta una superficie lisa o rallada.

Cuadraditos

Se trata de cuadrados de pasta de 1½ cm de lado que también se ofrecen en tamaños más pequeños como pasta para sopa.

Horquillas

Es una pasta curvada, corta y hueca. Es especialmente adecuada para preparar pasta frita, gratinados y guisos.

Ñoquis, *Gnocchi sardi*

Tienen una forma parecida a las conchas, pueden adquirirse en di-

versos tamaños y presentan una superficie estriada o lisa.

Coditos, *Pipe*
Pasta hueca, curvada y corta, de superficie lisa o estriada.

Jollini, *torciglioni*
Es una pasta corta, en forma de huso y superficie estriada.

Mariposas, *farfalle*
Tienen forma de mariposa o lacitos, pueden adquirirse también con tres colores mezclados.

Conchas, *conchiglie*
Es una pasta alimenticia corta, abombada hacia dentro, de diversos tamaños y superficie estriada o lisa.

Macarrones, *penne*
Pasta hueca de unos 4 cm de largo, cuyos extremos están cortados en diagonal.

Rigatoni
Son tubos de pasta cortos, más gruesos que los macarrones, estriados o lisos, y que reciben el nombre de *sedanini* cuando son más finos.

Spätzle
Es una pasta de huevo corta que se obtiene al hacer pasar la masa a través de una manga pastelera con boquilla. Picándola con un cuchillo, la masa casera de *spätzle* puede echarse también desde una tabla de madera húmeda en el agua, que tiene que estar hirviendo ligeramente.

Espirales, *spirelli, zarelli, drelli, eliche, welloni, torciglioni, molle*
Pasta pequeña, con forma de espiral, que absorbe las salsas muy bien.

Ruedas, *route*
Esta pasta estriada absorbe mucha salsa.

Trencitas, *gemelli*
Pasta en forma de trenza, especialmente recomendable para platos a base de jamón o guisos de verduras.

Pastas para sopas

Para acompañar sopas de carne o de verduras, se emplean las pastas alimenticias más pequeñas del mercado. Después de haberlas hervido brevemente en agua hirviendo salada, se escurren y añaden a la sopa lista. También en este caso existen en el mercado una gran variedad de formas. Entre otras, hay

Anelli, anellini, cannolichi, Ave Marie, paternostri
pasta pequeña en forma de anillo;

Letras,
pasta pequeña en forma de letras mayúsculas;

Ditalini,
más pequeños que los *ditali*;

Fideos, *capellini*
pasta corta y partida, o larga como espaguetis, pero más fina, también puede conseguirse enrollada en forma de madejas o nidos;

Riebele,
pasta rallada;

Romero, *Rosmarini*
pasta en forma de hojitas de romero;

Estrellitas, *stelle, stelline*
pasta pequeña en forma de estrella.

Pastas rellenas

Con este nombre se designan siempre unas pastas que envuelven rellenos de carne, pescado, queso o verduras. Se hierven en agua salada o simplemente con el vapor del agua. Se sirven rociadas con mantequilla derretida y espolvoreadas con queso recién rallado, o se complementan con una salsa al gusto que armonice con el relleno de la pasta. La pasta rellena fresca puede encontrarse en los comercios especializados; y, por supuesto, tiene que consumirse pronto. La industria produce también variedades secas. No obstante, la pasta rellena casera sabe incomparablemente mejor. He aquí los dos representantes más conocidos.

Ravioles
Son cuadrados y representan la forma más sencilla de elaborar pasta rellena. Los ravioles parecen saquitos cuando se cortan cuadrados de pasta de unos 8 cm de lado, se pone el relleno por encima, se levantan las esquinas de la pasta y se juntan retorciéndolas. También se puede juntar cada esquina de los cuadrados con su opuesta y luego apretar los bordes laterales. De esta manera se obtienen ravioles en forma de estrella.

Tortellini
Se cortan círculos de la pasta finamente extendida, se coloca encima el relleno a cucharaditas, se pincelan con agua los bordes y se pliegan las láminas de pasta formando medias lunas. Una los extremos de las medias lunas presionándolos (vea página 10).

PASTAS DEL EXTREMO ORIENTE

La cocina asiática emplea principalmente pasta elaborada con harina de alforfón *(soba)*, pasta de arroz, pasta transparente, así como la pasta de huevo china. A continuación se exponen brevemente sus características más importantes:

Pasta de arroz
Esta pasta de color blanco lechoso, elaborada con harina de arroz, existe en diversos calibres, de modo que su espectro abarca variedades que van desde las que se parecen a los fideos hasta las que lo hacen a los recios espaguetis. La pasta de arroz gruesa ha de remojarse siempre 1 hora antes de cocerse; si está más tiempo en agua, ésta tiene que cambiarse una vez. Escurra luego la pasta de arroz en un colador y sumérjala 1 minuto en agua hirviendo a borbotones. Sírvala acompañando un delicado pescado con una salsa agridulce. También es especialmente idónea para ensaladas

Lo que conviene saber sobre la pasta

de pasta con verduras, carne y hierbas. Las pastas de arroz semifinas en forma de varillas parecen espaguetis de color blanco como la nieve. Contienen también harina de trigo y tienen, por ello que hervirse unos minutos después de haberse remojado de 30 a 40 minutos. Combinan bien con carnes a la parrilla, gambas, sopas de pescado o guisos. Encontrará también pasta fina de arroz enrollada en forma de nidos o atada con un bramante. Ésta, una vez remojada, se sumerge únicamente unos instantes en agua hirviendo, o se cuece —sin remojar— unos 5 minutos. Tan sólo después de esto se retira el bramante. Queda muy bien con platos vegetarianos con tofu o a base de setas. Los tallarines de pasta de arroz pueden adquirirse de distintos calibres, los anchos son especialmente idóneos para sopas de buey y recetas de verduras con carne. También están riquísimos fritos.

Fideos transparentes
Es una pasta china del grosor de los fideos, transparente, de tono argentino, y sabor neutro, hecha a base de brotes de judías mongo o harina de maíz. Tiene que remojarse unos 10 minutos, pero tampoco la perjudica un tiempo más largo. Escurrida, se añade a platos de verdura y setas preparados en el wok; es apropiada como guarnición para recetas de pollo, gambas, pescado al vapor o para sopas. Agregue los fideos transparentes a la sopa caliente sólo unos momentos antes de servirla, pues, de lo contrario, se reblandecen demasiado. La pasta transparente seca también puede freírse en aceite.

Soba
(pasta de harina de alforfón)
Son barritas de pasta parecidas a los espaguetis, de un color pardusco agrisado, que tienen un sabor inconfundible. Idóneas para guarnecer sopas sustanciosas de buey y guisos de carne.

Pasta de huevo china
En comercios especializados puede adquirirse tanto fresca como seca. Está elaborada con harina de trigo, al igual que la pasta japonesa *udon*. Puede adquirirse en las mismas formas que las de la pasta de arroz, es decir, como pasta de huevo fina, semifina y gruesa, y también en forma de tallarines. Cuando es fresca, se recomienda especialmente cocerla al vapor.

PASTAS CASERAS

En el congelador de los comercios especializados o de los supermercados bien surtidos puede encontrarse hoy en día pasta de huevo fresca, sin secar. Pero, sin embargo, las pastas alimenticias preparadas en casa por uno mismo constituyen una delicia tal, que merece la pena tomarse la molestia alguna vez —ya se disponga o no de una máquina para pasta—. Los productos elaborados industrialmente con masa de huevo no pueden, de ningún modo, competir con las creaciones salidas de la propia cocina. La preparación de la masa para pasta es sumamente sencilla, no obstante requiere cierto tiempo.

Los ingredientes
Los ingredientes básicos son 400 g. de harina de trigo, 4 huevos frescos enteros (de 55 a 60 g), 1 cucharadita de sal y de 1 a 2 cucharadas de aceite de oliva. La pasta tiene un sabor aún más exquisito cuando, en vez de los huevos enteros, se utiliza la cantidad correspondiente de yemas. Para los *spätzle* se toman los mismos ingredientes, pero añadiendo más huevo, de modo que la pasta queda más blanda y no es maleable. La pasta se echa en el agua, que habrá de estar hirviendo ligeramente, presionándola a través de una manga pastelera con boquilla o picándola con un cuchillo desde una tabla humedecida.
Como se muestra paso a paso en las fotos de las páginas 8 y 9, los ingredientes para la masa de la pasta se mezclan a mano sobre la superficie de trabajo. Al hacerlo, no amase toda la harina desde un principio; añada y amase la harina conforme la vaya necesitando, mientras la pasta esté todavía demasiado blanda. Si la pasta acaba poniéndose demasiado dura, puede mezclar con ella 1 cucharadita de agua fría. También puede preparar en casa pasta a base de harina integral. Si quiere preparar una pasta sin huevo, añada más aceite y agua. No obstante, es posible que la masa sin huevo salga un poco quebradiza y sea, por ello, más difícil de extender.
La pasta tiene que amasarse por lo menos durante 10 minutos, aplastándola constantemente con la palma de la mano, plegándola y volviéndola a aplastar, hasta que quede lisa, brillante y elástica.

Colorear la pasta
La masa de la pasta puede colorearse con hierbas picadas, puré de espinacas o remolacha, azafrán o puré de tomate espesado por la cocción (véase página 8). Deje reposar la pasta durante 1 hora en un lugar caliente y cubierta con un cuenco, luego extiéndala sobre una superficie de trabajo ligeramente enharinada, hasta que quede muy fina, déjela secar unos instantes, pliéguela sin apretar y córtela en tiras con un cuchillo afilado.

Amasar y dar forma
Si se amasa y extiende la pasta con una máquina para pasta, el tiempo empleado se ve reducido considerablemente; en efecto: la pasta no necesita entonces ningún tiempo de reposo y puede procederse en seguida a extenderla y seguir trabajándola. Los sibaritas afirman, no obstante, que el aroma de los huevos se realza mejor cuando la pasta se trabaja a mano presionándola suavemente. La pasta fresca necesita sólo de 3 a 5 minutos de cocción. Así, simplemente hervida, no hay más que mezclarla con un poco de mantequilla y añadirle queso parmesano recién rallado,

Pasta coloreada de rojo

Espinacas

Preparar ravioles

para que sepa estupendamente; pero, naturalmente, también está muy rica combinada con una salsa de hierbas, de setas o de calabacines o con una delicada salsa crema, al igual que con tomate sofrito; no le van ya tan bien salsas condimentadas más fuertemente con pimienta de Cayena o ajo. Una ensalada de la estación es siempre un complemento digno. La masa casera para pasta puede cortarse de las más diversas formas. Para preparar cuadrados de masa, se colocan unas sobre otras varias capas de pasta muy finamente extendidas y espolvoreadas con un poco de harina para luego cortarlas. Si quiere preparar lasaña corte rectángulos de 6 × 10 cm. Cuando tenga que rallar la pasta, antes amásela añadiendo un poco más de harina con los huevos y resérvela de 15 a 30 minutos en el congelador.

Pasta casera rellena

La pasta rellena elaborada por uno mismo constituye un manjar especial. Para ello, la pasta tiene que extenderse hasta que tenga 3 mm de grosor, un poco más gruesa que en el caso de la pasta normal. Tiene que estar húmeda y elástica para poder plegarse alrededor del relleno. Inmediatamente después de haber extendido la pasta, se coloca sobre un rectángulo de pasta el relleno a montoncitos, dejando entre cada uno un espacio de separación uniforme. Humedezca los mencionados espacios, coloque un segundo rectángulo de pasta por encima, presione entre los montoncitos y corte los raviolis con un cortapastas. También pueden cortarse círculos de pasta para hacer empanadillas rellenas. A fin de que la pasta permanezca elástica, es mejor tener siempre tapada con un lienzo húmedo la que no se esté utilizando, hasta que vaya a extenderse y trabajarse la siguiente porción.

Dado que la pasta fresca sólo necesita una breve cocción, la carne picada para el relleno habrá de estar previamente cocida. La paleta de rellenos posibles abarca desde una mezcla de requesón y hierbas, pasando por unas espinacas rehogadas y reducidas a puré, hasta llegar a los rellenos a base de pescado, aves y otros tipos de carne. En este sentido, encontrará muchas sugerencias en el recetario de este libro. Déjese inspirar y experimente por su cuenta.

Secar y almacenar

La pasta casera, seca y sin rellenar, se mantiene durante meses, mientras que la pasta rellena se conserva de 2 a 3 días en lugar frío y donde no le dé la luz; no obstante, es mejor consumirla recién hecha. La masa para pasta que haya sobrado puede secarse de modo muy sencillo: pliegue los finos rectángulos de pasta, que habrá dejado secar antes unos momentos, córtelos en tiras de ½ cm de ancho, extienda éstas, sin estirarlas mucho, sobre un lienzo ligeramente enharinado y déjelas secar, hasta que estén duras. La pasta no tiene que exponerse a corrientes de aire frío. Una vez seca, se conserva en un recipiente de vidrio bien cerrado. Dicho sea de paso, un bonito frasco de cristal lleno de pasta casera puede ser también un original regalo para amigos entrañables.

REGLAS PARA COCER LA PASTA

En lo que a la cocina se refiere, las cosas más sencillas suelen ser también las más importantes: por eso, cuanto más simple parezca la preparación de una comida, tanta más atención hay que prestar al proceso de cocción. Esto vale tanto para la cocción de los pescados o verduras delicados como para la de pastas alimenticias. Espaguetis, macarrones u otros tipos de pasta que vayan a servirse con salsas o ragús, han de hervirse siempre. Para un plato principal se calculan de 75 a 100 g de pasta por persona; como entrante o guarnición, unos 50 g; si va a hacer una sopa, basta con 30 g. Por cada 100 g de pasta se toma 1 litro de agua y una olla o cacerola correspondientemente grande. El agua tiene que estar ligeramente sazonada (4 l de agua con 2 cucharaditas de sal). Una cucharada de aceite vertida en el agua hirviendo con sal, impide que la pasta se pegue entre sí o que se quede adherida al fondo del recipiente. La pasta integral tiene un gusto muy aromático si se cuece en caldo de verduras (pastillas de caldo de las tiendas de productos dietéticos). Al colar la pasta, reserve el líquido y utilícelo luego como base para preparar una sopa nutritiva. Tan pronto como el agua empiece a hervir a borbotones, eche la pasta dentro de una vez; tratándose de espaguetis o macarrones largos, se empujan a lo largo de las paredes del recipiente procurando que no se partan. Remueva la pasta una vez enérgicamente y tape, hasta que el agua amenace con salir, quite entonces la tapadera y prosiga la cocción de la pasta, hasta que esté lista, procurando remover de vez en cuando. A lo largo del proceso de cocción se triplica el peso de la pasta.

No es posible indicar el tiempo de cocción exacto de las pastas alimenticias secas. Si los espaguetis de una determinada marca necesitan, por ejemplo, 8 minutos, el mismo tipo de espaguetis de otro fabricante necesita 11 minutos. Las pastas alimenticias secas tienen que cocerse al menos el doble de tiempo que las frescas. La pasta de sémola tiene un tiempo de cocción más largo que la de harina. Dice una frase proverbial italiana: «No dejes nunca solos a los espaguetis mientras cuecen, les gusta la compañía.» Habría que aplicar esa verdad a todos los tipos de pasta, y no dejarnos llevar nunca por el tiempo de cocción indicado en el paquete. Para estar seguros de que la pasta no se reblandece demasiado, es recomendable probarla con frecuencia durante los últimos minutos de cocción. «Al dente» significa en italiano «al diente», y la pasta tiene que estar al final en condiciones de ser mordida por él. Poco antes de que la pasta haya alcanzado su estado ideal en lo que a la consistencia se refiere, es decir, cuando está todavía firme por dentro y un poco elástica por fuera, se echa en un colador, donde acabará de cocerse en su propio vapor. Si se quiere interrumpir bruscamente el proceso de cocción, se echa en el recipiente 1 taza de agua fría preparada al efecto, tan pronto como la pasta está «al dente». En cualquier caso, el resultado hace que merezca la pena este trabajo de precisión, toda vez que no es la pasta blanduzca y pegajosa, sino la elástica y firme la que la convierte en un placer para el paladar.

Las amas de casa italianas vierten en la fuente de servir un poco del agua de la cocción y la mezclan con la pasta, que de este modo no se seca.

La pasta ha de servirse siempre recién cocida; pero en caso de que haya que conservarla caliente unos minutos, se revuelve brevemente con un poco de mantequilla y se mete tapada en el horno, precalentado oportunamente a 50 °C. La pasta que sobre de una comida se recalienta preferentemente en la sartén, con un poco de mantequilla o aceite.

Secar tallarines

Pequeña guía de quesos

Algunos platos de pasta se convierten en especialidad, gracias a sus característicos compañeros. El queso ocupa un lugar muy destacado a este respecto: ora es el queso parmesano rallado el que contribuye a que la deliciosa lasaña adquiera una costra dorada al gratinarse; ora es una salsa a base del aromático Gorgonzola o Roquefort la que da realce a los espaguetis; o se trata de un cuenco con queso parmesano o Emmenthal, acompañando un plato de pasta con salsa de tomate. Especialmente apetecida por los amantes del queso y la pasta es la pasta con cuatro quesos, en la que cuatro especialidades distintas, por ejemplo provolone, mozzarella, parmesano y fontina, se mezclan —según su consistencia, rallados, en trozos o desmenuzados— con los macarrones o los tallarines calientes «al dente» y ligeramente salteados en mantequilla, de modo que la pasta queda totalmente cubierta de cremoso queso fundido. Unas gotas de crema de leche son indispensables, y una pizca de nuez moscada o de pimienta recién salidas del molinillo constituyen el toque adicional. Pero, si no, el queso se basta por sí solo. La elaboración del queso cuenta con una tradición tan antigua como la de la pasta. *Mozza* (Mozzarella), el queso de leche de búfala europea, aparece mencionado ya en el siglo IV. La mayoría de los quesos hace tiempo que se vienen fabricando en serie; mediante pasteurización y estabilización, se han ido adaptando a las exigencias del mercado y se han hecho fáciles de conservar. En muchos países está todavía vivo, o vuelve a estarlo, el trabajo de artesanía consistente en fabricar, trozo a trozo y según métodos seculares el queso —por naturaleza, un producto delicado y que requiere cuidados— a base de leche cruda, libre de química y de aditamentos artificiales. Las personas de paladar fino buscan este codiciado producto en comercios especializados de primera categoría, dotados de bodegas acondicionadas para la maduración y conservación del queso. Todas las clases de quesos tienen sus propias reglas en lo que se refiere a la forma, al tamaño y al contenido de grasa con respecto a la masa seca. El empleo de leche fresca, no refrigerada, que no ha sido alimentada con pasto concentrado, la masa de queso removida a mano y el tiempo de maduración en salas de producción que se asemejan a antiquísimas bodegas de vino, y que ofrecen un microclima vivo y único, determinan decisivamente la calidad del queso. El mal almacenamiento puede echar a perder el mejor producto, pues el queso de leche cruda está en continua maduración. Pasados algunos meses, el parmesano Reggiano, por ejemplo, abandona la central lechera rural, para madurar en almacenes gigantescos bajo la vigilancia de especialistas. Tan sólo al verano siguiente aparecerá en el mercado. La mejor manera de que el queso conserve su fino aroma es rallándolo breves instantes antes de servir la comida. Un sótano fresco es el lugar ideal para conservar el queso. El queso fresco, el queso blando y el queso de enmohecimiento interno, sin embargo, también pueden guardarse algunos días en el compartimento de verduras del frigorífico. El queso duro está fuertemente prensado y, a menudo, es también calentado; ambos procesos contribuyen a extraerle la humedad. De este modo obtiene una elevada cantidad de masa seca y puede conservarse durante más tiempo. El queso en lonchas y el queso duro se guardan, perfectamente, en lugar seco, y bajo la cubierta de la quesera, dentro de la cual se pueden colocar ½ tomate o un vasito de vino blanco seco.

Queso fresco
Esta variedad comprende el requesón, el quark, el queso fresco granulado (cottage cheese), el queso fresco doble crema, el queso de Burgos y Villalón, el mató catalán y los italianos marcarpone y ricotta. Estos quesos naturales, no madurados, se producen abarcando desde variedades magras hasta aquellas otras con el máximo nivel de grasa y tienen un sabor desde cremoso suave hasta ligeramente agrio.
Utilización: son quesos indicados para especialidades de pasta con requesón, rellenos para pasta combinados con espinacas, así como para elaborar salsas de hierbas frías.

Mozzarella
Es un queso graso italiano de agradable sabor agrio. Se elabora con leche de vaca sin desnatar o con leche de búfala europea. Su pasta es blanca y elástica.
Utilización: la Mozzarella cortada en lonchas es extraordinariamente apropiada para gratines y para ensaladas de tomate. Picada sirve para preparar rellenos para pasta.

Fontina
Es un queso graso italiano de sabor suave y delicado.
Utilización: apropiado para elaborar salsas de queso y gratines de pasta.

Mahón
Queso duro o blando procedente de Menorca elaborado con leche de vaca, y sabor salado y picante.
Utilización: seco como el parmesano.

Parmesano (Parmigiano Reggiano o Grana Padano)
Este queso duro, aromático, de gran tamaño y forma redonda, constituye un elemento indispensable en la cocina italiana. El proceso de secado y maduración, lento y natural, dura 1 año; tan sólo tras 2 años puede emplearse para rallar.
Utilización: como mejor está es recién rallado y acompañando la pasta *asciutta*, o como ingrediente para finos rellenos, se utiliza también para gratinar.

Pecorino
Producido con leche de oveja, es un queso duro de forma redonda, que puede ser semigraso o graso, con un aroma característico muy marcado, y que tiene un gusto sabroso muy fuerte. La maduración se realiza por medio de un proceso de sazonamiento seco y dura de 4 a 8 meses. La masa de que está hecho es firme y de color blanco o amarillo claro. Puede utilizar en su lugar manchego seco.

Mahón tierno · Mozzarella · Fontina · Parmesano · Mascarpone · Queso fresco · Gorgonzola · Pecorino · Fiore Sardo · Cacciocavallo

Utilización: rallado, proporciona una nota aún más picante a platos de pasta que ya de por sí tengan un sabor fuerte, como budines y especialidades de pasta rellena. Por lo general, no combina bien con platos que tengan salsas a base de atún, mejillones o gambas.

Cacciocavallo
Es un queso duro y graso italiano, con un típico aspecto de bola o de pera, y que está atado por su extremo superior, de manera que forma un ocho irregular. La masa blanca o amarilla paja es compacta y lisa. Después de un período de almacenamiento de 12 meses resulta un queso muy sabroso.

Fiore Sardo
Queso graso italiano elaborado a base de leche de oveja, que tiene una corteza que va del color amarillo hasta el marrón oscuro. Tras una maduración de 3 meses, realizada por medio de un proceso de sazonamiento seco, su masa de color blanco adquiere un fuerte sabor característico.

Gorgonzola
Queso italiano, graso y enmohecido, muy aromático y de fuerte sabor picante. Ya en el siglo XII era elaborado en el pueblo del mismo nombre, próximo a Milán, y madurado en grutas naturales. La inoculación de bacterias de hongo gris le dan su toque especial.
Utilización: para salsas de queso.

Gruyère
Así se llama este queso duro que, de semigraso, puede llegar a tener tres cuartas partes de contenido de grasa, y que procede de la zona fronteriza franco-suiza.
Utilización: se esparce rallado sobre gratines o se sirve con alguna salsa para acompañar la pasta *asciutta*.

Emmenthal
En estado fresco es un queso grande de suave sabor a nuez, casi dulce, que a medida que se va haciendo añejo adquiere un gusto más fuerte. La palabra «grande» para calificar el tamaño ha de entenderse en sentido literal: cada pieza de emmenthal bien formada tiene un diámetro de 1 m y un magnífico peso de 80 a 100 kg. A principios del siglo pasado, inmigrantes suizos introdujeron la quesería al estilo Emmenthal en la región de Allgäu: allí imperan las mismas condiciones biológicas y climáticas que en el cantón de Berna. El Emmenthal de los Alpes sólo puede elaborarse a partir de la leche de vaca que se alimenta exclusivamente de pasta o de heno. El período de maduración asciende de 3 a 6 meses. El anhídrido carbónico que se libera durante dicho período de maduración, y que no puede escapar a través de la corteza, cada vez más dura, hace que se formen los clásicos agujeros del queso.
Utilización: el queso Emmenthal se sirve recién rallado para acompañar la pasta *asciutta*, esto es, pasta hervida.

Appenzeller
Elaborado a la manera de Tilsit, es un queso duro, de color amarillo dorado y sabor fuerte que puede llegar a ser muy penetrante; tiene unos cuantos «ojos» (agujeros). Procede de la Suiza Occidental. Las piezas tienen forma cilíndrica y corteza marrón; pesan entre 7 y 8 kg.

Sbrinz
Variedad de queso de forma redonda, extraduro, graso y producido como el Emmenthal. Es de origen suizo y tiene un gusto muy fuerte.

Chester, Cheddar
Queso duro inglés de fuerte sabor.

Gouda
Este queso graso, firme y elaborado en forma de pan, procede originariamente de Holanda. El Gouda seco presenta un color amarillo oscuro y agujeros repartidos de manera uniforme y tiene un fuerte gusto picante.

Edam (queso de bola)
Es el queso holandés para cortar en lonchas más famoso, puede adquirirse con dos niveles diferentes de grasa. Según el grado de madurez, puede tener un gusto ligeramente agrio o resultar también un poco áspero al paladar.
Utilización: idóneo para elaborar una fina salsa de queso o para gratinar.

Roquefort
Es un queso azul elaborado a partir de leche de oveja; es el más conocido de los azules y uno de los quesos más antiguos del mundo. Tiene un sabor picante. Todos los demás quesos azules resultan más suaves y cremosos que el Roquefort francés, que tiene que madurar en las profundas grutas naturales, de varios kilómetros, del monte Combalon, en cuya falda se asienta la localidad de Roquefort. Si le gustan los sabores fuertes puede utilizar un Cabrales no demasiado curado.
Utilización para salsas finas y rellenos para pasta.

Queso de los Pirineos
Este queso francés procedente de los Pirineos, es el predilecto entre los quesos franceses para lonchas. El producido a partir de leche de vaca tiene un sabor muchísimo más suave que el elaborado con leche de oveja.
Utilización: troceado o desmenuzado, se esparce sobre la pasta caliente y se revuelve bien, para luego aderezar el plato con hierbas frescas. Así, el queso se vuelve blando y aromático.

Feta
Queso blando griego elaborado con leche de oveja o de cabra, a menudo también con una mezcla de ambas. El queso madura en su propio suero, y puede adquirirse también en salmuera. Tiene un sabor picante y también puede llegar a resultar un poco áspero al paladar. En su lugar puede emplear queso de cabra u oveja fresco mezclado.

Los compañeros de la pasta

Aunque los platos de pasta suelen ser económicos, constituyen algo especial: también a partir de unos cuantos ingredientes sencillos pueden prepararse platos delicados que satisfagan altas exigencias. Condición indispensable para el logro de los manjares culinarios es, ante todo, la esmerada selección de los ingredientes frescos. Al igual que el queso siempre ha de rallarse momentos antes de añadirlo a la pasta o de esparcirse sobre un gratín, también se sobreentiende que sólo deben emplearse huevos totalmente frescos cuando uno mismo va a preparar la masa para la pasta. En la cocina de las pastas no pueden dejarse de mencionar los tomates maduros de huerta, cuando vayan a elaborarse salsas, ni las hierbas frescas. Hay una combinación en particular que constituye, en todas sus variantes la garantía de un plato rápido y apetitoso; la pasta con jamón, apreciada por doquier. Pero también en otras recetas el jamón deviene compañero permanente de la pasta. Tampoco deben olvidarse los ingredientes más importantes de la cocina de pasta integral como el tofu o los brotes de soja, que uno mismo puede cultivar con facilidad.

Brotes de bambú
Son brotes jóvenes de la planta de bambú procedentes de Indochina y China; en nuestro país pueden encontrarse envasados. Por ser duros, suelen emplearse picados. Los brotes restantes pueden conservarse hasta 1 semana en el frigorífico dentro de un recipiente de vidrio bien cerrado; el agua ha de cambiarse a diario.
Utilización: para rellenar pasta y en ensaladas.

Huevos
Los huevos frescos son un componente esencial en la pasta de elaboración casera. Si se tienen dudas sobre si los huevos son frescos o no, hay un procedimiento para desvanecerlas. Se mete el huevo en un recipiente con agua: un huevo fresco permanecerá en el fondo. Los huevos son ricos en proteínas y contienen las vitaminas A, B y B_2. Con tan sólo 90 calorías por unidad, tienen cualidades dietéticas. El color de la cáscara, ya sea blanco o marrón, al igual que el de la yema, de amarillo claro a rojo anaranjado, no influyen en los valores nutritivos. Los huevos de la época estival suelen ser, no obstante, más ricos en vitaminas y sales minerales. Esto es válido también para los huevos de gallinas que se alimentan al aire libre. Los huevos tienen que tener una cáscara limpia. De la clase 1 a la 6, los huevos pesan entre 70 y 45 g.

Mu Err (setas chinas secas)
Son setas de color negro que han de remojarse en agua fría 15 minutos antes de emplearse. El agua ha de cambiarse varias veces durante el proceso.

Ajo
Al lado de la cebolla, el ajo es, con seguridad, el condimento más importante empleado en la cocina. El bulbo del ajo procede de la familia de las liliáceas y está dividido en numerosos dientes pequeños. Aunque es desdeñado por algunos por su fuerte sabor, tiene propiedades profilácticas y curativas; ayuda en los casos de cólicos gástricos y flatulencias y es bueno para la regulación intestinal, la hipertensión, contra la diabetes y para un mejor funcionamiento del hígado, gracias a un aceite etéreo y sulfuroso que contiene. Otras sustancias valiosas del ajo son la vitamina A, B_1 y C, además de yodo. Puede combatirse con éxito el olor del ajo mediante pastillas de clorofila de la farmacia, mascando clavos, perejil o cápsulas de cardamomo, o bebiendo café o leche. En Provenza se ensalza, como método probado para combatir el mal olor, la degustación de abundante vino tinto provenzal acompañando las comidas que contienen ajo. Cuanto más frescos sean los ajos utilizados, tanto mejor sabrán. En el momento de la compra hay que prestar atención a que la piel blanca, rosácea o violeta envuelva dientes firmes; éstos no deben estar blandos. Si va a preparar una ensalada, a veces es suficiente cortar un diente de ajo por la mitad y restregar la superficie del corte por el cuenco o ensaladera de servicio. El ajo picado y mezclado con un poco de sal puede aplastarse fácilmente con la hoja de un cuchillo. Debe evitarse, en todo caso, freírse en grasa hirviendo, de lo contrario tendrá un gusto ligeramente amargo. Para condimentar, puede emplearse también el granulado, la sal o la esencia de ajo, que están a la venta en el comercio.
Utilización: para aderezar sopas, salsas, ragús, rellenos para pasta, ensaladas, así como para elaborar mantequilla de ajo.

Hierbas
Muchas hierbas para condimentar pueden cultivarse durante todo el año en una maceta en el alféizar de la ventana. Además, los vendedores de verduras acostumbran a tener una oferta bien surtida. Aún siendo caras, las hierbas frescas tienen sencillamente mejor sabor. Mantener su contenido vitamínico es algo que exige una elaboración cuidadosa. Hay que lavar las hierbas con agua fría, secarlas, desprender las hojas de los tallos más bastos y picarlas, tan sólo inmediatamente antes de ir a utilizarlas. A ser posible, no compre las hierbas secas más que en pequeñas cantidades, pues su aroma también se evapora en el transcurso de los meses. Son hierbas típicas para las recetas de pasta la albahaca, el perejil, el

Jamón

Tocino entreverado

Tofu

orégano, el romero, el perifollo, el cebollino, la salvia y el tomillo.

Crema de leche
La crema de leche suele emplearse para refinar los platos de pasta. La oferta abarca desde la crema de leche con un 10 % de contenido en materia grasa, pasando por la crema de leche ligera con un 18 % de m. g., la crema de leche espesa (con un 30 % o más de m. g.), hasta llegar a la crema de leche agria (que oscila del 10 al 24 % de m. g.), pero si no dispone de ésta puede prepararla añadiendo a la normal unas gotas de zumo de limón. La crema de leche siempre está pasteurizada, es decir, calentada a 70 °C. De esta manera se eliminan las posibles bacterias patógenas que pudiera contener. Mediante un nuevo calentamiento a más de 50 °C se hace más conservable. En este caso, la crema de leche está sometida a termotratamiento. La crema de leche está homogeneizada, para lo cual se la hace pasar mediante una fuerte presión a través de toberas pulverizadoras, a fin de que las bolitas de grasa se distribuyan de manera muy uniforme y fina. De este modo, la crema no se deposita tan rápidamente, perdiendo consistencia.
Utilización: todas las variedades de crema de leche son apropiadas para refinar salsas, sopas y rellenos de pasta, así como para preparar aliños para ensaladas.

Jamón
El jamón procede de la pierna del cerdo. Puede encontrarse con hueso o deshuesado, curado al aire libre, ahumado o simplemente cocido. En la cocina de las pastas se utiliza a menudo jamón dulce o cocido, es decir: carne cocida de la pierna del cerdo, ligeramente sazonada, y a veces brevemente ahumada. El jamón delantero procede de la paletilla del cerdo. La carne es de fibra un poco más gruesa y tiene más grasa que la del jamón de la pata.
Utilización: se utiliza picado para rellenos de pasta, en platos de jamón y pasta frita, a los que se puede añadir, si lo desea, huevo ligeramente batido, en platos de pasta gratinados, así como en ensaladas de pasta. Quite al jamón la corteza de grasa si le es posible.

Brotes de soja
Uno mismo puede cultivarlos con facilidad con las judías verdes de soja (judías mungo). Para ello, deje remojar las judías de soja de 6 a 12 horas en agua tibia. Retire luego el agua y ponga a germinar las semillas de 3 a 5 días en un frasco para conservas, tapadas con un trozo de lienzo, o en una caja especial para la germinación; 1 ó 2 veces al día, lávelas con agua tibia y déjelas luego escurrir. Con 10 g de judías de soja obtendrá 35 g de brotes. Los brotes de soja son ricos en vitaminas y sustancias minerales, de fácil digestión y contienen muy pocos julios/calorías. También puede adquirirlos enlatados o en frascos de cristal.

Salsa de soja
En el caso de la salsa de soja, es importante prestar atención a la calidad. Algunas variedades se elaboran en fábricas en el transcurso de unos cuantos días. Su elaboración está muy alejada de la fermentación natural y prolongada de las variedades Shoyu y Tamari a base de judías de soja, sal y agua de manantial. El Shoyu contiene 7 % de proteínas y 19 % de sal. La salsa de soja china es salada; la indonesia, por el contrario, dulce, y la japonesa tiene un gusto suave muy agradable. La buena salsa de soja se consigue en comercios especializados y en tiendas de productos dietéticos.

Tocino
Bajo la denominación de tocino se entiende grasa pura con una capa de corteza, pero lo más frecuente es utilizar tocino entreverado, salado y ahumado. El tocino entreverado tiene carne en el centro y, por fuera, una gruesa capa de tocino con corteza. Bien empaquetado, el tocino se conserva en la nevera por más tiempo que el jamón.
Utilización: la grasa que sueltan los trocitos de tocino frito proporciona a los guisos sustanciosos un fuerte sabor. Primero se sofríe el tocino, luego la cebolla picada hasta que esté transparente, y luego el resto de los ingredientes. Los trocitos de tocino tostados para adornar, no se echan sobre el plato hasta el momento de ir a servirlo. Los espaguetis a la carbonara y los *spätzle* de queso no pueden prescindir del aromático tocino.

Tofu
Es una especie de requesón o queso elaborado con un coagulante a partir de leche de soja. A pesar de la introducción de las costumbres alimenticias occidentales, en Asia oriental continúa siendo un producto muy apreciado. El tofu tiene un aroma neutro y aunque casi carece de sabor propio, tiene una multitud de aplicaciones. Es muy fácil de digerir y sólo tiene unos 355 julios/85 calorías por cada 100 g. En Japón es prescrito por el médico en caso de diabetes, enfermedades del corazón, arteriosclerosis y diversas afecciones del sistema circulatorio.
Utilización: en salsas y ragús, o, troceado y aliñado con salsa de soja, para preparar albóndigas de carne, rellenos para pasta o ensaladas.

Tomate
Para conseguir tomates aromáticos, hay que comprar exclusivamente tomates maduros al sol en huertas al aire libre, que, entonces sí, tendrán un sabroso gusto a tomate. Los tomates se conservan durante aproximadamente 1 semana en el compartimento de verduras del frigorífico. Los tomates maduros jugosos son muy apropiados para elaborar salsas. Los tomates se pelan haciéndoles un corte en forma de cruz en su base curva y escaldándolos unos 2 minutos en agua hirviendo, hasta que la piel reviente y se puede desprender sin esfuerzo.
Utilización: en salsas, sopas, ragús y ensaladas.

Escalonias

Setas chinas Mu Err

Brotes de soja

Brotes de bambú

Ajos

Guindillas

Salsa de soja

Índice general de la A a la Z

A

Acelgas, Roscón de pasta con 78
Ajo 135
Ajo, Tallarines con mantequilla de 38
al dente 131
Albahaca, Espaguetis con salsa de 44
Albahaca, Sopa de pasta a la 15
Albóndigas de harina, Sopa de guisantes con 19
Albóndigas de requesón, Sopa de tomate con 19
Alcachofa, Macarrones con crema de 60
Alforfón, Espaguetis de alforfón con salsa de tofu 45
Almacenamiento del queso 132
Anchoas, Espaguetis con 47
Anelli, Anellini 129
Apio, Pasta con 83
Appenzeller, queso 133
Asiago (queso duro italiano) 132
Ave, Ensalada de espaguetis con 116
– Sopa de ave y pasta 24

B

«Bami goreng» 71
«Banitza» 83
Bavette (tallarines) 127
Beaufort (queso de Gruyère) 133
Berenjenas, Gratín de macarrones y 96
– Espirales con 69
Brécoles, Coditos con 35
Brécoles, Ensalada de pasta de mijo con 118
Brotes de bambú 135
Brotes de soja 135
Brotes de soja, Fideos con 70
Brotes de soja, Nidos de pasta con 95
Bucatini (macarrones) 128
Buey, Ensalada de fideos con 122
– Pasta de arroz con carne de 75
– Sopa de judías y pasta con carne de 18
Burgenland, Cuadrados de 88

C

Cacciocavallo (queso duro italiano) 133
Calabacín, Conchas con 32
– Sopa de pasta con 23
Candele (macarrones) 128

Canelones 128
– clásicos 79
– rellenos de verduras 79
Cangrejo, Ensalada de fideos transparentes con carne de 125
Cannolicchi 129
Capellini (espaguetis) 128
«Capellini», Ensalada de 128
Cardelline (tallarines) 127
Catalou (queso francés) 133
Cazuela de pasta con setas 46
Champiñón, Tallarines con tomate y 34
– Gratín de pasta con 96
Chester (Cheddar) 133
«Chow mein» 73
Cocer correctamente la pasta 8, 131
Coditos con brécoles 35
Col china, Pasta con 48
Col rizada, Lasaña con 91
– Sopa de pasta con 17
Colorear la pasta 8, 130
Comté (queso de Gruyère) 133
Conchas con calabacín 32
Conchiglie (conchas) 128
Conservación de la pasta 127
Cordero, Pasta con ragú de 56
– Ragú de cordero y manzana con pasta 58
Cuadraditos de pasta fritos 82
Cuadrados 128
– de Burgenland 88
– de jamón 88
– de pasta con col 66
Cuernecitos 128
Curry, Pasta de harina de garbanzos con ragú al 72

D

Diente de león, ensalada de pasta integral con 118
Ditali, Ditalini 128, 129
Drelli (espirales) 129

E

Edam (queso) 133
Elaboración del queso 132
Elaboración industrial de la pasta 126
Eliche (espirales) 129
Emmenthal (queso) 133
Empanadillas tirolesas 80
– de requesón de Carintia 81
– siberianas 20
Ensalada árabe de pasta 112
– californiana de pollo y pasta 111
– de «capellini» 119

– danesa de pasta 110
– de espaguetis con ave 116
– de espirales integrales 117
– de fideos con buey 125
– de fideos transparentes con carne de cangrejos 125
– de frutas y queso con pasta de tres colores 108
– de pasta con salsa de hierbas 120
– de pasta con mejillones 124
– de pasta con naranja 123
– de pasta con pimiento y maíz 116
– de pasta con queso, tomate y berros 108
– de pasta con trucha ahumada 113
– de pasta con verduras primaverales 121
– de pasta de Amsterdam 110
– de pasta de mijo con brécol 118
– de pasta a la parmesana 109
– de pasta de soja con garbanzos 115
– de pasta integral con diente de león 118
– de pasta integral con pollo 115
– de pasta romana 109
– de pasta y atún 113
– de pasta y gambas 123
– de pasta y judías 122
– de pasta y jamón 119
– de tallarines con lentejas rojas 114
– india de pasta 112
– vegetariana de pasta 122
– verde de pasta 120
Espaguetis 128
– a la carbonara 53
– a la napolitana 53
– con ajo y aceite 30
– con anchoas 47
– con pechuga de pollo 59
– con riñones de ternera 56
– con salsa boloñesa 50
– con salsa de albahaca 44
– con salsa de Gorgonzola 44
– con salsa de guindillas 29
– con salsa de salmón y nata 44
– de alforfón con salsa de tofu 45
– integrales con boloñesa tofu 55
Espaguetis horquilla 128
Espárragos, Macarrones con cabezas de 31
Espinacas, Lasaña con 91
Espinacas, Ravioles con relleno de 84
Espinacas, Gratín de macarrones integrales con 100

Espinacas, Tallarines caseros con 33
Espirales con berenjenas 129
– con ragú de conejo 57
– con salsa de jamón 47
– con salsa de sésamo 62
Estrellitas 129

F

Farfalle 128
Fazzoletti 127
Feta (queso blando griego) 133
Fettuccelle (tallarines) 127
Fettuccine (tallarines) 127
Fideos 129
Fideos con brotes de soja 70
Fideos japoneses con rábano 72
Fideos transparentes 129
– con salsa de huevo 75
– tailandeses 70
Fiore Sardo (queso de leche de oveja) 133
Fontina (queso italiano) 132
Fusilli (espaguetis) 128

G

Gambas, Ensalada de pasta y 123
– Pasta verde con 58
– «Tortellini» rellenos de 85
Garbanzos, Ensalada de pasta de soja con 115
– Sopa de pasta con 15
Gemelli (trencitas) 129
Gluten (sustancia albuminoidea) 126
Gorgonzola (queso) 133
Gorgonzola, Espaguetis con salsa de 44
Gouda (queso) 133
Gratín de cebolla y macarrones 102
– de espirales 93
– de macarrones 100
– de macarrones integrales con espinacas 100
– de pasta con Gruyère 94
– con campiñones 96
– con jamón 93
– con salami 94
– con salmón ahumado 98
– con tomates 97
– en cazuela de terracota 104
Gratín de pasta integral con hinojo 97
Gratín napolitano de macarrones 105
Gratín ruso con pasta y requesón 101
Gratín turco de pasta 102

136

Gruyère (queso) 133
Gruyère, Gratinado de pasta al 94
Guiso de «Puszta» 25

H

«Hah gavs» 39
Hierbas 135
Hierbas, Ensalada de pasta con salsa de 120
Hierbas, Tallarines con verduras y pasta de 68
Higadillos, Pasta con salsa de 87
Hígado, Pasta con ragú vienés de 65
Hinojo, Gratín de pasta integral con 97
– Pasta con salsa de 60
Historia de la pasta 126
Huevos 134

J

Jamón 134
Jamón, Cuadrados de 88
Jamón, Espirales con jamón salsa de 47
Jamón, Gratín de pasta con 93
Jamón, Pasta con jamón y alcaparras 65
«Jao mais» 39
Jollini 128
Judías, Ensalada de pasta y 122
Judías, Sopa de judías y pasta con carne de buey 18
Judías, «Spätzle» de escanda con 86
Judías pintas, Sopa de pasta con 22

K

Kordelli (espirales) 129
«Kreplach» judíos 20
«Kuo Tiehs» 41

L

Lacitos 128
Lasagnetti (tallarines) 127
Lasaña 127
– al horno 90
– con col rizada 91
– con espinacas 91
– integral 92
– rellenar 10
– *ricce* 127
«Lecso», Tallarines con 38
Lentejas, Ensalada de tallarines con lentejas rojas 114
Letras 129

M

Macarrones 128
– con yemas de espárragos 31
– con crema de alcachofas 60
– con higadillos de ave 30
– con rebozuelos y tomate 28
– con salsa de soja 62
Maíz, Ensalada de pasta con pimiento y 116
Maíz, Noquis de sémola de 37
Máquina para trabajar la pasta 8
Mariposas con salsa Sovrito 49
Mascarpone 132
Mejillones, Ensalada de pasta con 124
Mejillones, Nidos de macarrones con salsa de 34
Molle (espirales) 129
Mozzarella (queso) 132
Mu Err (setas chinas secas) 135

N

Naranja, Ensalada de pasta con 123
Nata 134
Nata, Pasta con nata y nueces 29
Nidos de pasta con brotes de soja 95
Nidos de pasta con salsa de mejillones 34
Nueces, Pasta con crema y 29

Ñ

Ñoquis 128
– con tomate 36
– de patata 37
– de sémola de maíz 37

P

Pappardelle (tallarines) 127
Parmesano (queso) 132
Parmesano, Tortilla de pasta con queso 87
Pasta (tipos de pasta) 126 y ss.
Pasta asciutta 128
Pasta con apio 83
– con col china 48
– con crema y nueces 29
– casera (secado y almacenamiento) 131
– casera 8, 130
– con ragú de pato 61
– china de huevo 130
– con cuatro quesos 132
– con jamón y alcaparras 65
– con «pesto» 51

– con ragú de cordero 56
– con ragú vienés de hígado 65
– con salsa de higadillos 87
– con salsa de hinojo 60
– con salsa de tomate 51
– de alforfón (soba) 130
Pasta de arroz 129
– con carne de buey 75
Pasta de harina de flor 7
– de garbanzos con ragú al curry 72
Pasta elaborada con con la máquina 8
Pasta integral 7, 126
– con «Ratatonille» 63
– con ragú de ternera 48
Pasta para sopa 129
Pasta rellena 129, 131
Pasta roja 8
Pasta verde 8
«Pastítsio» 103
Patatas, Sopa de pasta con 23
Pechuga de pollo, Espaguetis con 59
Pecorino (queso de leche de oveja) 132
Penne Macarrones 129
«Pesto» 10
– Conservación 51
– Pasta con 51
Pimiento, Ensalada de pasta con pimiento y maíz 116
Pinchos de carne con fideos transparentes 74
Pizza de pasta 99
Pollo, Ensalada californiana de pollo y pasta 111
Pollo, Ensalada de pasta integral con 115
Preparación de la pasta 8

Q

Queso (tipos de queso para platos de pasta) 132 y ss.
Queso de leche de oveja (Pecorino) 132
Queso duro 132
Queso, Ensalada de pasta con queso, tomate y berros 108
Queso fresco 132

R

Ragú de conejo, Espirales con 57
Ragú de cordero y manzana con pasta 58
Ragú de pato, Pasta casera con 61
Ragú de ternera, Pasta integral con 48

Ragú de ternera, Tallarines con 57
«Ratatouille», Pasta con 63
Ravioles 129
– con relleno de espinacas 84
– con relleno de queso 84
– de carne 80
Rebozuelos, Macarrones con rebozuelos y tomates 28
Reginette (tallarines) 127
Rellenar lasaña 10
Relleno de queso, Ravioles con 84
Requesón 132
Requesón, Empanadillas de requesón de Carintia 81
Requesón, Gratín ruso con pasta requesón 101
Requesón, Sopa de tomate con albóndigas de 19
«Riebele», Sopa de 24
Rigatoni, Sedanini 129
Riñones de ternera, Espaguetis con 56
Roquefort (queso de hongo azulado) 133
Roscón de pasta con acelgas 78
Rosmarini 129
Route (ruedas de coches) 129

S

Salami, Gratín de pasta con 94
Salmón, Espaguetis con salsa de salmón y crema 44
Salmón, Grattín de pasta con salmón ahumado 98
Salsa boloñesa 10
Salsa boloñesa, Espaguetis con 50
Salsa de guindillas, Espaguetis con 29
Salsa de huevo, Fideos transparentes con 74
Salsa de queso y perifollo, «Tortellini» con 59
Salsa de sésamo, Espirales con 62
Salsa de soja 134
Salsa de soja, Macarrones con 62
Salsa de tomate, Pasta con 51
Salsa de tomate, «Spätzle» de centeno con 67
Salsa de tomate y tocino, Tallarines con 49
Salsa Sovrito, Mariposas con 49
Sbrinz (queso suizo) 133
Sémola de trigo duro 126
Semolilla 126
Setas chinas secas 135
Setas, Cazuela de pasta con 46
Soba (pasta de alforfón) 130

137

Índice general de la A a la Z

Solomillo de cerdo, Tallarines con 54
Sopa campesina 16
– de ave y pasta 24
– de chucrut 16
–de guisantes con albóndigas de harina 19
–de hierbas con fideos 14
–de judías y pasta con carne de buey 18
Sopa de pasta a la albahaca 15
– con judías pintas 22
– con calabacín 23
– con col rizada 17
– con garbanzos 15
– con patatas 23
– con tomate 21
– con verduras invernales 21
– rallada 14
Sopa de «riebele» 24
Sopa de tomate con albóndigas de requesón 19
Sopa genovesa de verduras 17
Sopa «nabeyaki udon» 27
Sopa napolitana de pasta 18
Sopa «won ton» 26
Sopa «wo Mein» 26
Sopa «yakko mein» 27
Spaghettini 128
«Spätzle» 129
– de centeno con salsa de tomate 67
– de escanda con judías 86
– de queso a la manera de Allgäu 66
Spirelli (espirales) 129
«Stufatu» 54
«Sugo» italiano 10

T

Tagliatelle (tallarines) 127
– a la Emilia-Romagna 52
Taglierini (tallarines) 127
Tagliolini (tallarines) 127
Tallarines 127
– caseros con espinacas 33
– con hierbas 32
– con «lecso» 38
– con mantequilla de ajo 38
– con ragú de ternera 57
– con salsa de atún 52
– con salsa de tomate y tocino 49
– con solomillo de cerdo 54
– con tomate y champiñón 34
– con verduras y pasta de hierbas 68
Tallarines verdes con gambas 58
«Tarhonya» con salsa de champiñones a la crema 68
Timbal de macarrones 99
– y jamón 89

Tocino 134
Tofu (requesón de soja) 134
Tofu, Espaguetis de alforfón con salsa de 45
Tofu, Espaguetis integrales con boloñesa tofu 55
Tomate 135
Tomate, Ensalada de pasta con queso, tomate y berros 108
Tomate, Macarrones con rebozuelos 28
Tomate, Ñoquis con 36
Tomate, Sopa de pasta con 21
Tomate, «Spätzle» de centeno con salsa de 67
Tomate, Tallarines con salsa de tomate y tocino 49
Tomate, Tallarines con tomate y champiñón 34
Tomate, Gratín de pasta con 97
Torciglioni (espirales) 129
Tortellini 129
– caseros 10
– con relleno de gambas 85
– con salsa de queso y perifollo 59
Tortilla de pasta con queso parmesano 87
Trencitas 129
Trenette (tallarines) 127
Trigo duro 126
Tripolini (tallarines) 127
Trucha, Ensalada de pasta con trucha ahumada 113
Trulli 129
«Túrós csusza» 64

V

Verduras, Canelones rellenos de 79
Verduras primaverales, Ensalada de pasta con 121
Verduras, Tallarines con verduras y pasta de hierbas 68
Vermicelli (espaguetis) 122

W

«Won tons» 40
Welloni (espirales) 21

Z

Zarelli (espirales) 129
Ziti, Zitoni (macarrones) 128

Los autores

Annette Wolter
Es una de las más destacadas autoras de libros de cocina en lengua alemana. Desde hace más de 20 años, la cocina y el hogar son su tema, del que ya se había ocupado en calidad de colaboradora de importantes revistas para la mujer. Hoy, Annette Wolter es una experta reconocida en el campo de la cocina y la despensa, autora de numerosos libros de cocina de éxito y varias veces ganadora del Premio de la «Academia Gastronómica de Alemania». Las recetas de sus libros constituyen una muestra de la lograda combinación entre el refinamiento culinario y la gastronomía moderna y sana. Entre sus «best-seller» se encuentran «Cocinar hoy», «El placer de cocinar», «El placer de la repostería», «Platos fríos» y «Especialidades del mundo». Es, además, editora de la nueva serie «Cocinar, mejor que nunca», en la que ha aparecido el presente libro.

Elke Alsen
Trabajó como joven octrofóloga en las más diversas instituciones sociales, donde fue acumulando experiencia práctica y aprendió cómo han de alimentarse los jóvenes de manera sana y nutritiva. En la cocina experimental de una gran editorial hamburguesa, cuya dirección asumiría ella más tarde, tenía la misión, sobre todo, de desarrollar recetas en todos los ámbitos culinarios, colocar los platos de manera fotogénica ante la cámara y enviar, por último, los textos a la redacción. Entre tanto, la señora Alsen tiene marido e hijos, casa y jardín, perro y gato. Ahora trabaja por su cuenta en estudios fotográficos como diseñadora en el campo de la cocina o revela sus recetas favoritas a nuestra editorial para sus libros ilustrados de cocina y repostería.

Marieluise Christl-Licosa
Nació y creció en el Tirol. Con su marido y sus 4 hijos, vivió muchos años en Milán. Durante ese tiempo, y en el transcurso de numerosos viajes por todas las regiones de Italia, se dedicó, con verdadera pasión, a reunir recetas entre los campesinos montañeses, los pescadores, las cocineras de familias ilustres y en último lugar entre los jefes de cocina de renombrados locales selectos. En la universidad popular de Germering, cerca de Munich, enseñó el italiano e impartió clases de cocina italiana. En calidad de experta en este campo, la señora Christl-Licosa, de quien han aparecido ya en nuestra editorial «Cocina italiana» y diversos consultorios gastronómicos, ha contribuido al presente volumen, «Pasta», sobre todo con las variantes italianas.

Marey Kurz
Procede de una familia germana del Báltico. Desde hace más de 20 años cocina para su marido y sus hijos y se afana a diario en hacer sabrosas comidas. Problemas propios de salud fueron motivo para que se concentrara más y más en la alimentación integral. El consecuente cambio trajo consigo no sólo su total restablecimiento, sino también el reconocimiento entusiasta de la nueva forma de alimentación por parte de toda la familia. De este modo, la señora Kurz se convirtió en una experta de la cocina integral. En 1983 escribió su primer libro «Cocina integral, rápida y fácil» y, alentada por el éxito, pronto siguió «La soja en la cocina integral», así como «La alimentación integral que gusta a los niños». Para el presente volumen nos envió, naturalmente, sus recetas de comida integral.

Hannelore Mähl-Strenge
Vive con su familia en Hamburgo. Como octrofóloga titulada dirigió durante 2 años los comedores de una gran casa editorial hamburguesa, antes de que sus vastos conocimientos y su experiencia práctica en el desarrollo de recetas y la realización de nuevas ideas culinarias redundasen en beneficio de diferentes cocinas experimentales de renombradas revistas. Hoy lleva ya muchos años trabajando por su cuenta como diseñadora gastronómica para diversas redacciones, agencias, estudios fotográficos gastronómicos y agencias de publicidad. Además le sigue gustando tanto como antes dejarse inspirar por la oferta semanal del mercado y mimar con sus opíparas creaciones a su marido, a sus hijos y a sus invitados. Ha reunido algunas de sus mejores recetas de pastas para nuestra editorial.

Annedore Meineke
Fue, originalmente, profesora de hogar, pero pronto cambió el aula por la cocina experimental de una conocida revista alemana e ideó para sus lectores recetas para cualquier ocasión: menús festivos, programas dietéticos, comidas de régimen. Entretanto, la señora Meineke se ha casado y mima sobre todo a su familia con su arte culinario. De paso encuentra siempre algo de tiempo para buscar de entre su repertorio las recetas más apropiadas para determinadas revistas o —como en este caso— para recopilar sus mejores ideas en torno al tema de la pasta.

Brigitta Stuber
Nació en Munich y quiso hacerse esposa y madre nada más acabar la escuela. Este salto brusco le obligó a aprender por sí sola todo lo relacionado con el hogar y la cocina. Su arte culinario autodidacta encontró en el círculo de los amigos tal aceptación, que le quitaban las recetas de las manos. Al margen de esto, terminó unas prácticas en una redacción y trabaja desde hace años para editoriales especializadas. Temprano se sintió motivada por el trabajo periodístico en el área del arte culinario. Para el presente volumen, «Pasta», ha colaborado también como coautora activa.

Dra. Renate Zeltner
Esta versada historiadora e historiadora del arte accedió a la cocina y al trato con los libros de cocina gracias a su familia (marido y 3 hijos), entusiasta de la buena mesa; pero posteriormente —tras años de actividad como redactora de enciclopedias— también profesionalmente tuvo que ver con el arte culinario, al trabajar de lectora para una editorial especializada en la materia. Un buen día decidió dejar de ocuparse únicamente de la elaboración de los textos para los libros de otros autores y acometer la tarea de llevar al papel sus propias recetas y experiencias culinarias. En la editorial Gräfe und Unzer ha salido publicado de su pluma «El nuevo libro de cocina de las setas», y para el presente volumen nos ha confiado sus mejores creaciones en el terreno de la pasta.

Odette Teubner
Su trayectoria profesional estaba programada desde que era pequeña, pues creció en el fascinante mundo de un estudio fotográfico, entre cámaras, proyectores de luz, cocina experimental y cuarto oscuro. Inmediatamente después de la escuela comenzó el aprendizaje con su padre, el internacionalmente conocido fotógrafo gastronómico Christian Teubner. A pesar de que Odette se convirtió pronto en una ayuda casi insustituible para su padre, siguió el consejo de éste y se dedicó por algunos meses a la fotografía de modas en Munich, a fin de evitar un desarrollo profesional unilateral. Durante un viaje de varias semanas a Alaska se dedicó, con entusiasmo, a fotografiar paisaje y fauna. Hoy trabaja exclusivamente en el Estudio Teubner de Fotografía de Productos Alimenticios. En su tiempo libre es una entusiasta retratista infantil, con su propio hijo como modelo.

La foto de la cubierta muestra un plato de tallarines con una sabrosa salsa de tomate y aceitunas, una variante vegetariana de la receta «Tallarines con salsa de tomate y tocino» (página 49).

«Cocinar mejor que nunca»

Aves
Las más incitantes maneras de cocinar aves de caza y de corral, con indicaciones sobre su compra, limpieza, trinchado y presentación

Pescado
Las más codiciadas maneras de cocinar pescados y mariscos, con indicaciones sobre su compra, limpieza, preparación y presentación.

Ensaladas
Los modos más delicados de preparar ensaladas, con indicaciones sobre su compra y presentación.

Carnes
Las más delicadas recetas para cocinar y servir las más diversas carnes, con indicaciones sobre su compra, trinchado y presentación.

Repostería
Las recetas más apetitosas para preparar pasteles, tartas, pastas y bollos, con indicaciones sobre su horneado y presentación.

Verduras
Las mejores maneras de cocinar y servir verduras, con indicaciones sobre su compra y preparación sin que pierdan su valor nutritivo.

Sopas y guisos
Las más atractivas maneras de cocinar y servir sopas, caldos, cremas, menestras, cocidos y guisos.

Postres
Las más sabrosas maneras de preparar y servir postres nuevos y tradicionales: helados, frutas, dulces, etc.

Pasta
Las más seductoras maneras de cocinar y servir todo tipo de pasta, con indicaciones sobre su compra, cocción y presentación.

Tentempiés y piscolabis
Las más ingeniosas maneras de preparar y presentar tapas, canapés, aperitivos y entremeses calientes o fríos.

Título original: *Nudeln*

Traducción: *ASEL, S. A. (José María Sotillos)*

No está permitida la reproducción total o parcial de este libro, ni su tratamiento informático, ni la transmisión de ninguna forma o por cualquier medio, ya sea electrónico, mecánico, por fotocopia, por registro u otros métodos, sin el permiso previo y por escrito de los titulares del Copyright.
Reservados todos los derechos, incluido el derecho de venta, alquiler, préstamo o cualquier otra forma de cesión del uso del ejemplar.

© Gräfe und Unzer GmbH, München 1985 y
EDITORIAL EVEREST, S. A.
Carretera León-La Coruña, km 5 - LEÓN
ISBN: 84-241-2387-5.
Depósito legal: LE. 620-1990
Printed in Spain - Impreso en España

EDITORIAL EVERGRÁFICAS, S. A.
Carretera León-La Coruña, km 5
LEÓN (España)